Leonardo Gorosito

NOTAÇÃO E LINGUAGEM MUSICAL

Rua Clara Vendramin, 58 . Mossunguê
CEP 81200-170 . Curitiba . PR . Brasil
Fone: (41) 2106-4170
www.intersaberes.com
editora@intersaberes.com

Conselho editorial
Dr. Alexandre Coutinho Pagliarini
Drª Elena Godoy
Dr. Neri dos Santos
Dr. Ulf Gregor Baranow

Editora-chefe
Lindsay Azambuja

Gerente editorial
Ariadne Nunes Wenger

Assistente editorial
Daniela Viroli Pereira Pinto

Preparação de originais
Gilberto Girardello Filho

Edição de texto
Larissa Carolina de Andrade
Mille Foglie Soluções Editoriais

Capa e projeto gráfico
Charles L. da Silva (*designer*)
Tanongsak Sangthong/
Shutterstock (imagem da capa)

Diagramação
Bruno Palma e Silva

Equipe de *design*
Iná Trigo

Iconografia
Sandra Lopis da Silveira
Regina Claudia Cruz Prestes

Dados Internacionais de Catalogação na Publicação (CIP)
(Câmara Brasileira do Livro, SP, Brasil)

Gorosito, Leonardo
  Notação e linguagem musical/Leonardo Gorosito. Curitiba: InterSaberes, 2020. (Série Alma da Música)

  Bibliografia.
  ISBN 978-65-5517-780-0

  1. Música - Estudo e ensino 2. Música – Linguagem 3. Música - Instrução e estudo 4. Notação musical I. Título II. Série.

20-42544   CDD-780.7

Índices para catálogo sistemático:
  1. Música: Estudo e ensino   780.7
       Maria Alice Ferreira - Bibliotecária - CRB-8/7964

1ª edição, 2020.

Foi feito o depósito legal.

Informamos que é de inteira responsabilidade do autor a emissão de conceitos.

Nenhuma parte desta publicação poderá ser reproduzida por qualquer meio ou forma sem a prévia autorização da Editora InterSaberes.

A violação dos direitos autorais é crime estabelecido na Lei n. 9.610/1998 e punido pelo art. 184 do Código Penal.

SUMÁRIO

6   O espetáculo vai começar

12   Como aproveitar ao máximo este livro

Capítulo 1

17   Características do som

18   1.1 O som

21   1.2 Altura

28   1.3 Duração

33   1.4 Intensidade

38   1.5 Timbre

47   1.6 Outras possibilidades

Capítulo 2

57   Notação musical: alturas

59   2.1 Pauta

65   2.2 Claves

72   2.3 Notas

78   2.4 Linhas suplementares

80   2.5 Alterações

Capítulo 3

88 Notação musical: ritmo

90 3.1 Figuras musicais e valores rítmicos

96 3.2 Métrica

101 3.3 Fórmulas de compasso: compasso simples e composto

111 3.4 Pulsação, apoio e ritmo

Capítulo 4

122 Escalas e intervalos

123 4.1 Tom e semitom

126 4.2 Estrutura das escalas maior e menor

135 4.3 Intervalos

137 4.4 Tipos de intervalos

146 4.5 Consonância e dissonância

Capítulo 5

155 Questões complementares

156 5.1 Acordes

164 5.2 Inversão de acordes

171 5.3 Ciclo de quintas

173 5.4 Articulações

178 5.5 Dinâmicas

Capítulo 6

186 Características da música

187 6.1 Melodia

198 6.2 Harmonia

203 6.3 Contraponto

209 6.4 Ritmo

215 6.5 Música e estrutura

224 Fecham-se as cortinas

226 Repertórios

227 Obras comentadas

229 Respostas

231 Sobre o autor

O ESPETÁCULO VAI COMEÇAR

Neste livro, apresentaremos os princípios da notação e da linguagem musical. A notação musical se refere à representação gráfica da música. Isso significa dizer que os compositores, por meio da escrita, podem transmitir visualmente as informações para o intérprete, que pode, então, executar determinada obra seguindo essas instruções. Apesar de a música ser invisível aos olhos, quando compositor e intérprete dominam com primazia a notação musical moderna, a transformação dos símbolos em sons pode acontecer de forma bastante fidedigna. Assim, o que foi imaginado pelo compositor pode ser executado pelo intérprete, sem que haja qualquer contato entre eles.

Todavia, nem sempre foi assim. Se atualmente os compositores da tradição musical ocidental gozam de grande controle sobre a execução de sua música, foi graças ao esforço de muitos estudiosos, que, durante milênios, participaram de um lento e confuso processo de desenvolvimento da notação musical. Quanto mais remota a época, menos informações sobre a música estavam disponíveis para o intérprete. Muitas vezes, as linhas melódicas serviam apenas como guia; e, nesse contexto, os costumes e as convenções preenchiam as brechas dos símbolos musicais ainda inexistentes. A lentidão do processo de criação da escrita musical deve-se também ao caráter improvisatório de muitos estilos musicais, em que o intérprete compunha a música simultaneamente à sua execução.

Cabe ressaltar, ainda, as ambiguidades, indefinições e confusões que dominaram os longos anos de evolução da notação musical. Antes da invenção da máquina de impressão, o processo da escrita passava, necessariamente, pelas mãos dos copistas, e cada qual tinha sua personalidade e seu modo de trabalho, promovendo, assim, pequenas variações de grafia. Ademais, em muitos casos, as partituras tinham um forte propósito estético-gráfico, em que o aspecto da beleza decorativa era essencial, deixando em segundo plano o conteúdo musical.

Assim, a evolução da notação musical ocorreu de forma vagarosa e atribulada, envolvendo um grande conjunto de estudiosos dos mais diversos segmentos da música. Felicidade a nossa dispormos, atualmente, de métodos e recursos já bastante consistentes tanto para aprender quanto para colocar em prática, no dia a dia, esta valiosa ferramenta: a escrita musical.

Há inúmeros casos de artistas autodidatas, isto é, pessoas que não estudaram a teoria da música e que, como dizem, "tocam de ouvido". Estes, de forma espontânea, tocam instrumentos e/ou cantam sem saber exatamente que, por exemplo, determinada nota é um dó sustenido que se encaixa em um compasso de dois por quatro. No entanto, quando alguém decide se dedicar profissionalmente à música, é apropriado que saiba sua história e a teoria musical de forma profunda.

O domínio da escrita musical é imprescindível para que o músico tenha uma maior consciência no momento de cantar, tocar e, principalmente, ensinar. Também auxilia no trânsito pelos elementos da linguagem musical, ajudando-o a perceber, a questionar e a entender as diversas variações que o som pode fornecer. Se você, leitor, chegar ao fim deste livro e se tornar mais ciente de seu fazer musical, com uma visão mais ampla a respeito da música, assumiremos que nosso objetivo foi cumprido. Para esse aprendizado, não há limite de idade; qualquer pessoa, independentemente do momento de vida em que esteja, pode começar o estudo da notação e da linguagem musical – basta ter força de vontade.

Para ajudar a elucidar os conteúdos deste material, além do texto, serão utilizados três elementos fundamentais. O primeiro se refere às figuras, principalmente dos instrumentos musicais aqui discutidos, para que se possa visualizar com alguma clareza o objeto em questão. O segundo diz respeito a várias ilustrações dos fundamentos da notação musical. Estão disponíveis neste material mais de cem figuras dos elementos da escrita musical. Por fim, o terceiro recurso relaciona-se ao uso do piano como referência para demonstrar os conteúdos abordados.

O piano é um dos instrumentos mais fáceis de serem encontrados, talvez nem tanto em sua versão acústica/mecânica original, mas teclados digitais e até aplicativos de celular possibilitam o acesso às teclas brancas e pretas com suas respectivas sonoridades. Além disso, a configuração do teclado do piano perfaz uma das formas mais claras para visualizar como as alturas musicais são organizadas. Portanto, essas três ferramentas, combinadas com o texto, formam uma estrutura de forte consistência teórica e prática.

Contudo, o piano não é o único instrumento que pode ser utilizado para a fixação dos conteúdos. Na realidade, qualquer instrumento pode ser útil no aprendizado da notação e da linguagem musical, como: violão, guitarra, sanfona ou acordeão, flauta, trompete, entre outros. Ainda, evidentemente, a própria voz também é uma das mais valiosas ferramentas musicais.

Agora, você pode estar se perguntado: Sobre o que se trata exatamente este material? Tenhamos o título deste livro como um fio condutor inicial. A primeira palavra é **notação**. Ela está atrelada à forma como a música é escrita no papel (e atualmente também em computadores). Diz respeito, portanto, às regras por meio das quais essa arte pode ser grafada. É o estudo de como os sons, quando organizados em uma obra musical, podem ser transcritos de forma que outras pessoas o executem.

A segunda parte do título corresponde ao termo **linguagem**. E de início surge um questionamento: O que seria a linguagem musical? Ela se refere a todos os elementos que compõem a música, como as notas, os ritmos, a melodia, a harmonia, entre inúmeros outros. A música é uma linguagem, pois consegue, por meio do som, comunicar ideias, intenções, sentimentos, inspirações, fantasias, imagens e muito mais. Para que essa comunicação ocorra da melhor forma possível, o músico deve conhecer todos os meandros e as nuances da sua forma de expressão.

Levando isso em consideração, no Capítulo 1, trataremos das características do som, detalhando o que é altura, intensidade, duração e timbre. Em suma, comentaremos os aspectos físicos do fenômeno sonoro. Também faremos algumas observações sobre fontes sonoras e explicaremos como seu posicionamento pode conferir efeitos diferentes.

O capítulo 2 será dedicado ao tratamento dos aspectos de notação musical relativos à propriedade altura. Nele, comentaremos como a pauta serve de base para a escrita musical. Apresentaremos, ainda, os símbolos que compõem essa escrita, englobando as claves, as notas e outros símbolos que fornecem informações segundo a posição em que são dispostos na pauta.

No Capítulo 3, apresentaremos os elementos de notação atinentes ao ritmo. Esclareceremos a relação entre esse parâmetro da música e a duração, ou seja, a permanência de tempo de um som produzido. Explicaremos quais são as figuras rítmicas e as detalharemos. Na sequência, clarificaremos o conceito de compasso e como as figuras rítmicas se enquadram nele. Por fim, demonstraremos o que é andamento, pulso, tempo, contratempo e acentuação.

O tema do Capítulo 4 são as escalas e os intervalos. Estes são parâmetros relacionados à altura do som e correspondem à relação entre dois sons. Então, explicaremos o que é *tom* e *semitom*, conceitos que dizem respeito aos intervalos com as menores diferenças de altura entre si na música ocidental. Atrelado a essa qualidade, pormenorizaremos o modo menor e o modo Maior. Outro conceito que mantêm pontos de contato com os intervalos é o de *escala*, que equivale a uma sequência de intervalos organizados. Também esclareceremos quais são os maiores intervalos, abrangendo os de 3ª a 8ª, os quais dão caráter melódico e harmônico aos sons. Por fim, trataremos dos sons consonantes e dos sons dissonantes, os quais dependem das frequências e das séries harmônicas para assim se configurarem.

Para complementar nossa explanação a respeito da notação e da linguagem musical, decidimos abordar no Capítulo 5, entre tantas possibilidades inerentes à música, os tópicos que consideramos mais relevantes para esse tratamento, quais sejam: os acordes, o ciclo de quintas, as articulações e as dinâmicas. Com isso, abarcaremos o universo do tonalismo ocidental. Por fim, trataremos das articulações, das dinâmicas fixas e das mudanças graduais utilizadas na música.

Ao final desta obra, no Capítulo 6, versaremos sobre as características da música, abarcando os seguintes elementos: melodia, harmonia, contraponto, ritmo e estrutura. Essas camadas, por assim dizer, estão imbricadas de tal modo que uma depende da outra na tessitura musical, ainda que sejam trabalhadas de formas distintas em diferentes estilos e épocas. Faremos essa exposição tratando dos quatro tipos de textura musical – monofonia, homofonia, polifonia e heterofonia.

Abrangendo todo esse conteúdo, intencionamos, neste livro, abordar os assuntos de forma bastante didática. Assim, em suma, discutiremos as características do principal material da música: o som. Demonstraremos os aspectos iniciais da notação, como a altura das notas e, logo depois, a escrita rítmica. Ainda, detalharemos os intervalos musicais e os acordes, bem como as principais características da música.

Bons estudos!

COMO APROVEITAR
AO MÁXIMO ESTE LIVRO

Empregamos nesta obra recursos que visam enriquecer seu aprendizado, facilitar a compreensão dos conteúdos e tornar a leitura mais dinâmica. Conheça a seguir cada uma dessas ferramentas e saiba como elas estão distribuídas no decorrer deste livro para bem aproveitá-las.

Primeiras notas

Logo na abertura do capítulo, informamos os temas de estudo e os objetivos de aprendizagem que serão nele abrangidos, fazendo considerações preliminares sobre as temáticas em foco.

Resumo da ópera

Ao final de cada capítulo, relacionamos as principais informações nele abordadas a fim de que você avalie as conclusões a que chegou, confirmando-as ou redefinindo-as.

Teste de som

Apresentamos estas questões objetivas para que você verifique o grau de assimilação dos conceitos examinados, motivando-se a progredir em seus estudos.

Treinando o repertório

Aqui apresentamos questões que aproximam conhecimentos teóricos e práticos a fim de que você analise criticamente determinado assunto.

Obras comentadas

Nesta seção, comentamos algumas obras de referência para o estudo dos temas examinados ao longo do livro.

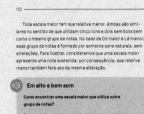

Em alto e bom som

Algumas das informações mais importantes da obra aparecem nestes boxes. Aproveite para fazer uma reflexão sobre os conteúdos apresentados.

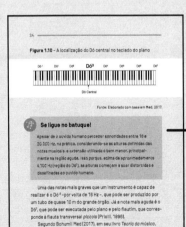

Se ligue no batuque!

Nestes *boxes*, você confere informações complementares a respeito do assunto que está sendo tratado.

Audição livre

Para ampliar seu repertório e ilustrar temas de estudo em destaque, indicamos nesta seção conteúdos sonoros para apreciação, observação e fruição!

Capítulo 1

CARACTERÍSTICAS DO SOM

Primeiras notas

As características do som, também chamadas de *parâmetros do som*, são os elementos que influenciam nas permutações das ondas sonoras, diferenciando um som do outro. Sob essa ótica, neste capítulo detalharemos estas quatro características: (1) altura, (2) intensidade, (3) duração e (4) timbre. Explicaremos como a altura está relacionada à frequência da onda, e a intensidade à sua amplitude, ao passo que a duração está ligada ao ritmo da música, e o timbre, à personalidade de cada som.

Ao final, abordaremos algumas questões sobre o posicionamento da fonte sonora e sua influência na escuta do espectador, fornecendo alguns exemplos de compositores que utilizaram esse recurso para criar diferentes efeitos sonoros.

1.1 O som

A música é uma arte que tem o som como elemento principal. A fonte geradora dos sons musicais são corpos vibrantes, os quais irradiam ondas sonoras que entram em vibração graças a uma ação humana de movimento de membros ou de sopro. Esses corpos vibrantes podem emitir som mediante uma corda tensionada (cordofones), uma membrana esticada (membranofones) ou por uma vibração de coluna de ar (aerofones). Ainda, o próprio corpo do objeto pode entrar em vibração (idiofones), ou essa vibração pode ocorer eletronicamente, como quando as ondas sonoras são produzidas por alto-falantes (Michels, 2003). Alguns instrumentos musicais acústicos também são constituídos de partes com função de ressonância por simpatia, amplificando sua potência, como a caixa oca de madeira do violino.

A seguir, nas Figuras 1.1 a 1.5, fornecemos exemplos de todas as categorias citadas:

Figura 1.1 - Cordofone: violino

Figura 1.2 - Membranofone: caixa clara

Figura 1.3 - Aerofone: trompete

Figura 1.4 - Idiofone: prato de choque

Figura 1.5 - Instrumento em que as ondas sonoras são produzidas por alto-falantes: sintetizador

As ondas sonoras, após entrarem em vibração, precisam de um meio elástico para se propagar. Portanto, elas não podem ser transmitidas no vácuo. Esse meio elástico pode ser líquido, sólido ou gasoso, sendo o ar o mais comum deles. A velocidade de propagação das ondas sonoras difere de acordo com o meio utilizado para transmissão. Na água, na madeira e no ferro, elas se propagam mais rapidamente do que no ar.

Os sinais sonoros das ondas não caminham movendo as partículas do meio elástico; elas dilatam e comprimem suas moléculas carregando a informação através de um impulso (Zamacois, 2009). Quando chegam aos ouvidos humanos, as ondas sonoras são transformadas em mais de 340 mil possibilidades de impulsos elétricos, transmitidos por fibras nervosas ao cérebro (Michels, 2003). Esse órgão, então, as interpreta como melodias, temas, harmonias, ritmos e tantas outras ideias musicais que o ser humano é capaz de formular.

As ideias musicais são formadas a partir de combinações e permutações de quatro características do som: (1) altura, (2) duração, (3) intensidade e (4) timbre, que serão analisadas em detalhes ao longo deste capítulo. Outra variante é o posicionamento da fonte sonora, o qual, embora não seja considerado uma propriedade do som pelos estudiosos, oferece recursos que foram utilizados por compositores em suas obras ao longo da história da música.

1.2 Altura

Quando uma onda sonora apresenta um comportamento periódico constante, ou seja, mantém um impulso regular de vaivém, o ouvido humano a reconhece como um som afinado, um tom fixo. Já uma onda sonora de oscilação inconstante, aperiódica, é considerada um ruído, cuja frequência o ser humano não consegue distinguir com clareza, não podendo, por exemplo, entoá-lo com a voz.

Tanto o tom fixo quanto o ruído são formados por um complexo de vibrações sonoras, um conjunto de sobreposição de ondas que interferem e interagem umas com as outras (Wisnik, 2017). Para clarificarmos como o parâmetro da altura se relaciona com a frequência da onda, recorremos à representação simples de uma senoide, também conhecida como *onda sinusoidal* (Figura 1.6). Composta por vibração simples, ela produz o chamado *tom puro* – som não presente na natureza e que só pode ser gerado por dispositivos eletrônicos.

Figura 1.6 – Onda sinusoidal

A frequência de uma onda relaciona-se com a velocidade com que seu movimento de vibração acontece no tempo. Um movimento de vibração completo, chamado de *período* (Figura 1.7), é considerado um impulso que sai da posição de equilíbrio, desenvolve-se para um lado e para o outro, até voltar à posição de equilíbrio novamente. Um período corresponde ao **comprimento** da onda.

Figura 1.7 – Período ou comprimento de uma onda

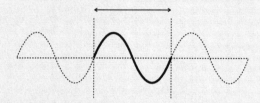

Quanto mais rápida é a vibração de uma onda, maior é o número de períodos e, por consequência, mais agudo é o som. Quanto mais lenta é a vibração, menor é o número de períodos e mais grave é o som produzido. A frequência de uma onda pode ser medida pelo número de períodos que ela realiza por segundo. Por padronização, é utilizado o hertz (Hz) como unidade de medida, sendo 1 período igual a 1 Hz. Desse modo, se uma onda realiza 300 vibrações completas por segundo, ela será de 300 Hz.

O ouvido humano é capaz de ouvir uma grande faixa de extensão da altura dos sons, entre 16 e 20.000 Hz. Identificamos com mais facilidade e precisão as alturas localizadas entre 1.000 e 3.000 Hz (Michels, 2003). Em música, o espectro das alturas é chamado de *tessitura* e corresponde à abrangência da frequência dos sons de uma obra musical ou que um instrumento é capaz de emitir individualmente. O grande órgão (Figuras 1.8 e 1.9) é um instrumento com grande amplitude de tessitura, por exemplo.

Figura 1.8 – Tubos de um grande órgão na Cathédrale Saint-André, em Bordeaux

Figura 1.9 – Manuais (teclados) e registros de um grande órgão

Audição livre

Caso tenha curiosidade, escute a sonoridade do órgão em *Toccata e Fuga em Ré menor*, de Johann Sebastian Bach.

J.S. BACH - Toccata and Fugue in D minor BWV 565. (8 min. 32 s). Disponível em: <https://www.youtube.com/watch?v=Nnuq9PXbywA>. Acesso em: 14 set. 2020.

Para darmos continuidade ao conteúdo, precisamos esclarecer que a nota Dó recebe diferentes designações segundo seu posicionamento nas regiões grave, média e aguda, dependendo do país e do sistema abordado. Utilizaremos, neste material, a nomenclatura que denomina o Dó central do piano como o Dó de número 3, sendo que a numeração cresce para o agudo e diminu para o grave, conforme ilustra a Figura 1.10.

Figura 1.10 – A localização do Dó central no teclado do piano

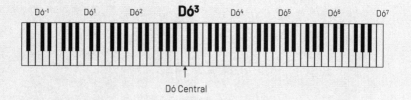

Fonte: Elaborado com base em Med, 2017.

Se ligue no batuque!

Apesar de o ouvido humano perceber sonoridades entre 16 e 20.000 Hz, na prática, considerando-se as alturas definidas das notas musicais, a extensão utilizada é bem menor, principalmente na região aguda. Isso porque, acima de aproximadamente 4.100 Hz (região do Dó⁷), as alturas começam a soar distorcidas e desafinadas ao ouvido humano.

Uma das notas mais graves que um instrumento é capaz de realizar é o Dó⁻² – por volta de 16 Hz –, que pode ser produzido por um tubo de quase 10 m do grande órgão. Já a nota mais aguda é o Dó⁷, que pode ser executada pelo piano e pelo flautim, que corresponde à flauta transversal *piccolo* (Priolli, 1996).

Segundo Bohumil Med (2017), em seu livro *Teoria da música*, a região central das frequências das notas musicais, que contempla os sons graves, médios e agudos, atua na extensão entre o Dó¹ e o Dó⁵. Acima dessa gama, situam-se as notas superagudas, e abaixo, as notas supergraves.

Figura 1.11 – Regiões das notas musicais no teclado do piano

Fonte: Elaborado com base em Med, 2017.

Nos **instrumentos de cordas**, as variações de grave e agudo ocorrem principalmente em razão de diferenciações de três aspectos: (1) o **comprimento** – com grandezas inversamente proporcionais, ou seja, quanto menor a corda, maior a frequência (mais agudo o som), e quanto maior a corda, menor a frequência (mais grave o som); (2) a **tensão** – quanto maior a tensão, maior a frequência; e (3) o **peso** – em razão inversa (como o comprimento), quanto mais pesada a corda, menor a frequência, e quanto mais leve, maior.

Na **família das cordas friccionadas** (Figura 1.12), tocadas com arco, e que fazem parte tradicionalmente da orquestra sinfônica, essa diferenciação de tamanho torna-se bastante clara, sendo o violino o mais agudo e, portanto, o menor em tamanho, e o contrabaixo o mais grave – maior em tamanho (Zamacois, 2009).

Figura 1.12 – A família das cordas de arco – da esquerda para a direita, do mais agudo para o mais grave: violino, viola, violoncelo e contrabaixo

3drenderings/Shutterstock

Audição livre

A fim de conhecer a sonoridade desses quatro instrumentos juntos, aprecie o *Quinteto de Cordas n. 2*, de Antonin Dvorak.

DVORAK: String Quintet No. 2 / Baiba Skride, Sol Gabetta, Veronika Hagen. 2018 (32min. 59s). Disponível em: <https://www.youtube.com/watch?v=ARhNdgH3rxA>. Acesso em: 14 set. 2020.

Nos **instrumentos de sopro**, três também são os fatores principais que influenciam na alteração de alturas: (1) o **comprimento do tubo** – com grandezas inversamente proporcionais, ou seja, quanto maior o tubo, menor a frequência e, quanto menor o tubo, maior a frequência; (2) abertura ou fechamento do tubo – o tubo fechado emite um som com a metade do número de frequências de um tubo aberto; (3) a **pressão do ar** – quanto maior a pressão, maior a frequência da nota. Há, ainda, um quarto fator que cria pequenas variações de frequência: a **temperatura do ar dentro do tubo**. Quanto mais elevada é a temperatura, maior é a frequência do som (Zamacois, 2009). A flauta doce (Figura 1.13), instrumento comumente utilizado por educadores, contém exemplares com variações de tamanho de tubos, cada um com uma tessitura específica, preenchendo diferentes regiões do espectro das alturas.

Figura 1.13 – A família da flauta doce – de cima para baixo, da mais grave para a mais aguda: baixo, tenor, contralto e soprano

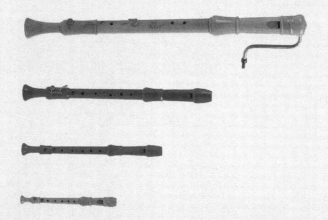

Venus Angel/Shutterstock

 Audição livre

Caso tenha curiosidade em ouvir a sonoridade desses quatro instrumentos juntos, escute a canção *Yesterday*, de The Beatles.

BEATLES. **Yesterday**. Record Quartet. 2013 (1min46s).
   Disponível em: <https://www.youtube.com/watch?v=gweE4LfQdr0>. Acesso em 11 ago. 2020.

1.3 Duração

Se não há um corpo vibrando, não há som nem ondas vibratórias; logo, o ouvido humano nada capta, nada recebe. Portanto, impera o silêncio. Quando o silêncio é quebrado e o ouvido começa a captar informações sonoras, necessariamente esse som tem início e fim, isto é, um momento em que surge e um em que desaparece. O período de sua permanência corresponde à propriedade da **duração**.

Figura 1.14 – Duração de uma onda sonora na linha do tempo

Em música, os sons estendem-se pelos mais variados períodos de tempo. Uma nota musical pode ter uma breve existência no tempo, sendo assim uma sonoridade que surge e quase instantaneamente desaparece, caracterizando um som curto. Por outro lado, ela pode ser contínua, permanecer por mais tempo, caracterizando um som longo. Entre essas duas possibilidades, existe uma gama infinita de combinações, o que cria condições para a formação do **ritmo**, elemento que movimenta a música.

Os instrumentos musicais têm como característica a execução de notas contínuas e alongadas ou notas curtas e momentâneas. Por sua natureza essencialmente melódica, o violino tem a capacidade de iniciar um som e realizá-lo continuamente, prolongando-o até quando o intérprete achar necessário. Já a natureza rítmica de um tambor tem como característica a produção de sons que surgem e somem muito rapidamente no tempo.

Considerando o exposto, observe, nas Figuras 1.15 e 1.16, as imagens de ondas sonoras geradas por um programa de computador de gravação de áudio. A primeira representa as ondas sonoras de notas alongadas executadas por um violino.

A segunda demonstra uma única nota tocada por um tambor, em que seu surgimento no tempo é quase tão veloz quanto seu desaparecimento.

Figura 1.15 – Notas executadas por um violino

Figura 1.16 – Uma nota executada por um tambor

No entanto, isso não significa que o violino seja incapaz de realizar notas extremamente curtas. Pelo contrário, o instrumento conta com uma vasta abrangência das mais variadas durações de notas. É por isso que, entre outros fatores, o violino é considerado um instrumento muito versátil, utilizado nas mais diversas culturas.

Um instrumento como o tambor, apesar de sua forte conexão com sons curtos, também é capaz de executar uma espécie de nota longa, graças a um recurso conhecido como *rulo*. O rulo diz respeito à execução de muitas notas rápidas pelo intérprete, dando a sensação ao ouvinte de que o som é contínuo. Portanto, apesar de a maioria dos instrumentos de percussão não ter a capacidade de emitir sons contínuos, o rulo permite simular tal efeito.

O piano, por sua vez, é um instrumento de corda percutida e contém uma forma de controle específica da duração das notas. Isso porque grande parte de suas cordas, principalmente nas regiões grave e média, apresenta um longo tempo de vibração após o martelo atingir uma corda. O instrumento é equipado com um abafador para cada corda, que pode ser tirado do contato com a corda individualmente no momento em que uma tecla é pressionada ou por meio do pedal de sustentação (Figura 1.17). Assim, esse instrumento executa notas longas pelo fato de as cordas vibrarem de maneira contínua, necessitando dos abafadores para que os sons cessem. Já no violão, instrumento em que o músico pinça as cordas, o abafamento é realizado pelas mãos do intérprete pressionando as cordas.

Figura 1.17 – Abafadores, cordas e martelos de um piano

Luka Skrlep/Shutterstock

Entre todas essas formas de controlar as durações das notas nos instrumentos, observamos uma distinção interessante: os instrumentos de cordas friccionadas (tocadas com arco), os de sopro e a voz humana são capazes de manipular a nota longa no decorrer de sua execução. Eles podem, por exemplo, começar um som bem fraco, com pouco volume, e enquanto esse som perdura, fazê-lo aumentar de volume e depois, ainda, diminuí-lo novamente. Assim, o músico tem total controle sobre a nota enquanto ela perdura no tempo.

Já com relação aos instrumentos de percussão em geral, ao piano e aos de cordas pinçadas ou percutidas, o músico não tem controle sobre o som depois de iniciá-lo, isto é, cabe-lhe esperar que o som que se manteve vibrando chegue ao fim naturalmente ou por abafamento. No entanto, para esses instrumentos, é possível alcançar o efeito de uma nota longa por meio de diferentes técnicas, como a do rulo na percussão, em que várias notas são executadas rapidamente, simulando, assim, um som contínuo.

José Miguel Wisnik (2017), em sua obra *O som e o sentido*, menciona uma relação direta entre as propriedades da altura e da duração. Ele explica que, quando um som curto – por exemplo, da nota do tambor – é acelerado o suficiente para executar por volta de 15 pulsos por segundo, ele passa a ser ouvido como uma frequência regular, mudando de sua característica essencialmente rítmica para o parâmetro da altura melódica:

> O bater de um tambor é antes de mais nada um pulso rítmico. Ele emite frequências que percebemos como recortes de tempo, onde inscreve suas recorrências e suas variações. Mas se as frequências rítmicas foram tocadas por um instrumento capaz de acelerá-las muito, a partir de cerca de dez ciclos por segundo,

elas vão mudando de caráter e passam a um estado de granulação veloz, que salta de repente para um outro patamar, o de *altura melódica*. A partir de um certo limiar de frequência (em torno de quinze ciclos por segundo, mas estabilizando-se só em cem e disparando em direção ao agudo até a faixa audível de cerca de 15 mil hertz), o ritmo 'vira' melodia. (Wisnik, 2017, p. 22)

De maneira inversa, se um som cuja frequência está em torno de 200 Hz é desacelerado até um ponto em que o ouvido humano não mais o entenda como uma vibração regular, se escutando algo parecido com pulsos rítmicos periódicos. Portanto, ocorre o caminho contrário: o som perde sua característica de nota afinada para transformar-se em pulsos de curta duração.

1.4 Intensidade

A propriedade da intensidade do som está relacionada ao grau de energia com que se manifesta a vibração de um corpo sonoro. Dependendo da força proferida para que o corpo vibre, diferentes intensidades sonoras podem ser alcançadas. Se a energia do agente vibrante cresce, a potência do som emitido por ele aumenta, mas se sua energia de vibração decresce, a potência diminui.

Esses diferentes níveis de vibração dos corpos sonoros emitem ondas com variações de amplitude. Contudo, antes de tratarmos sobre amplitude, explicaremos como a onda forma, em sua curvatura no meio elástico, dois pontos de oscilação em relação ao ponto de repouso. Cada período de uma onda sonora é composto por uma curva de elevação e outra de depressão, também chamadas de *crista* e *vale*, respectivamente.

Figura 1.18 – Curva do som

Portanto, a amplitude corresponde à distância do alongamento da crista e do vale em relação a seu ponto de equilíbrio. As variações de energia da vibração dos objetos concedem à onda sonora variações de amplitude (Figura 1.19). Assim, quanto maior é a energia do corpo sonoro, maior é o alongamento da elevação e da depressão, e quanto menor é a energia, menor é o grau de alongamento.

Figura 1.19 – Amplitude da onda

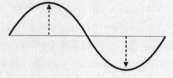

A intensidade fornece à música duas grandezas opostas: forte e fraca. Com base nessas duas grandezas, centenas de níveis de amplitudes das ondas podem ser percebidas pelo ouvido humano. A esse respeito, Ulrich Michels (2003) aponta que o ser humano é capaz de identificar 325 níveis de intensidade do som. Observe, na Figura 1.20, as diferenças de amplitude de uma onda hipotética formada por um som fraco e outra por um som forte.

Figura 1.20 – Ondas sonoras de som fraco e de som forte

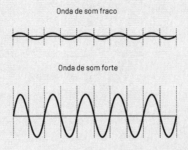

Um aspecto muito importante diz respeito ao fato de que, como a frequência do som é mantida pela fonte sonora (por exemplo, pela nota Dó), a intensidade pode ser alterada sem incorrer em modificações na frequência. Na Figura 1.20, as ondas apresentam amplitudes consideravelmente distintas, porém sua frequência é exatamente igual: cada onda contendo cinco períodos.

A potência da intensidade sonora pode ser medida em *watts* (W), unidade assim chamada em homenagem ao britânico James Watt (1736-1819). Entretanto, essa media é pouco utilizada no meio musical, pois as variações de intensidade medidas em watts cobrem uma faixa muito ampla de valores. Pensemos no seguinte exemplo: duzentos instrumentos de metal tocando muito forte podem gerar 60 watts de potência. Uma orquestra sinfônica produz por volta de 27 watts, ao passo que uma flauta, tocando individualmente bastante forte, produz em torno de 0,013 watts. O sussurro de uma pessoa emite somente 0,000.000.001 watts de potência. Por isso, a unidade *bel*, assim nomeada por causa do físico Alexander Graham Bell (1847-1922), em sua forma logarítmica – ou seja, decibel (dB) – adéqua-se mais apropriadamente às grandezas da intensidade sonora (Michels, 2003).

Outra razão para que o decibel seja mais utilizado é que a potência advinda dos instrumentos musicais é extremamente baixa. Isso não é percebido tão claramente pelo ser humano, embora seja dotado de um sistema de audição muito sensível. Além disso, a grandeza logarítmica do decibel oferece a vantagem de perceber, de forma bastante semelhante, variações de intensidade que ocorrem em níveis distintos. Sendo assim, um aumento de volume de um som que ocorra entre 85 e 90 decibéis é percebido de forma semelhante entre 25 e 30 decibéis.

A intensidade do som pode sofrer alterações de diversas maneiras. Uma delas é pela forma como os instrumentos musicais são executados. Dependendo da força empregada, o instrumento pode irradiar sons mais fortes ou mais fracos. Em um violão, quando o músico pinça a corda de forma leve e suave, a sonoridade irradiante é fraca, mas quando o pinçar é exercido com força e muita energia, o som é forte e acentuado. Já no violino, quanto maior é a pressão do arco sobre a corda, maior é o volume; o mesmo ocorre com a flauta transversal: quanto maior é a pressão da coluna de ar inflada para dentro do tubo do instrumento, maior é a sonoridade.

Há também alguns fatores na construção dos instrumentos musicais que geram alterações em sua intensidade, como o conceito de **ressonância**. Os instrumentos podem conter um mecanismo alternativo, complementar ao da fonte sonora principal, que auxilia na amplificação de sua potência. As caixas de madeira ocas (Figuras 1.21 e 1.22) e os tubos de ressonância (Figura 1.23), quando vibram em simpatia com as frequências próprias do instrumento, atuam em conjunto com a fonte sonora principal para aumentar o som tanto em intensidade quanto em prolongamento.

Figura 1.21 – Violão e sua caixa oca para ressonância do som

Figura 1.22 – Kalimba e sua caixa oca para ressonância do som

Figura 1.23 – Tubos de ressonância de um vibrafone

Ainda sobre questões que envolvem a construção dos instrumentos, o material com que são fabricados pode contribuir, ou não, para que o som tenha mais volume. Existem materiais não tão densos, como a madeira, que absorvem o som, e outros, mais

densos, como o metal, que têm um grande potencial de refletir o som. Essa é uma das razões pelas quais os instrumentos feitos de madeira normalmente têm uma capacidade de volume menor que os de metal. Não é por acaso que a disposição dos músicos no palco de uma orquestra sinfônica realiza-se, de maneira geral, com os instrumentos feitos de madeira na frente e os de metal na parte de trás.

A distância que a onda sonora percorre é um fator que altera a percepção da intensidade do som. À medida que as ondas sonoras viajam pelo meio elástico, sua amplitude vai diminuindo. Assim, quanto mais distante está o receptor do ponto de nascimento da onda, menor é a percepção da intensidade. Além disso, quando esbarra em objetos em seu caminho, o som também perde intensidade, já que uma parte é absorvida pelo objeto, e outra é refletida por ele.

1.5 Timbre

Quando se escuta um som – qualquer som, sem que seja necessariamente musical –, por vezes é possível reconhecê-lo, identificar sua origem, e até mesmo precisar qual objeto sonoro o produziu. Por exemplo, o canto dos pássaros nos é familiar, logo, ao escutarmos o som emitido pelas aves, podemos detectar com clareza qual é esse tipo de som. O mesmo acontece com o latido de um cachorro, o miado de um gato e o estrondo de um trovão. Também distinguimos vozes, e regularmente reconhecemos a pessoa que emitiu determinada fala ou canto. Esse fato pode parecer elementar, porém, façamos o seguinte questionamento: Como isso é possível?

Primeiramente, é importante deixar claro algo muito simples: os sons existentes no mundo não são iguais. Como pudemos observar até aqui, eles diferem em altura, duração e intensidade, formando uma diversificada paleta de possibilidades auditivas. Se todos os sons tivessem rigorosamente as mesmas características, a música não seria possível, não existiria. No entanto, se três instrumentos musicais – uma guitarra, um trombone e uma harpa – executassem a mesma frequência de nota, com a mesma duração e intensidade, ainda assim conseguiríamos distinguir o som de cada instrumento, pois cada vez que um som é gerado, ele apresenta uma qualidade, ou seja, uma singularidade sonora específica. É a esse conjunto de atributos característicos de cada som que damos o nome de **timbre**.

A autora Maria Luísa de Mattos Priolli (1996, p. 63), no segundo volume de seu livro *Princípios básicos da música para a juventude*, define o timbre como "a personalidade do som". Muitos autores, como Bohumil Med (2017) e José Miguel Wisnik (2017), relacionam o timbre à cor, destacando o colorido musical.

A individualidade de cada som reside na composição de sua onda sonora. A principal questão está no fato de que, em quase todos os casos, a onda sonora é composta por um abundante espectro de frequências regulares e irregulares, de comprimentos maiores e menores, misturando-se em um único feixe de som. Sob essa ótica, a imagem de uma senoide (Figura 1.24) retrata a onda sonora de forma simplificada, porém, se fosse representada em toda a sua complexidade, geraria algo muito confuso.

Figura 1.24 – Imagem hipotética e mais aproximada de uma onda sonora real

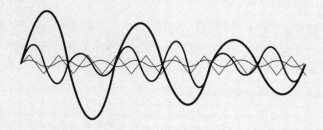

Um dos elementos que faz os instrumentos musicais emitirem um som de determinada coloração diz respeito aos tipos de materiais de que são constituídos. Os instrumentos de cordas normalmente são feitos de madeira, assim como alguns instrumentos de sopro. A madeira torna o som, de certa forma, "macio", pois absorve grande parte das ondas sonoras. Há outros instrumentos de sopro feitos de metal, o que torna o som mais brilhante, pois o metal, por ser mais duro, tem alto poder de refletir o som.

O timbre, além de oferecer a possibilidade de diferenciarmos um instrumento do outro, também pode transparecer a qualidade sonora de um mesmo tipo de instrumento. Por exemplo, um clarinete estudantil feito de plástico apresenta uma sonoridade diferente de um clarinete construído com uma madeira nobre.

A maneira de execução e o elemento que coloca a fonte sonora em vibração também colaboram para a variedade timbrística. Na família dos instrumentos de cordas, o timbre transforma-se a depender se a corda é friccionada por arco ou pinçada com os dedos. Já na família dos sopros, existem diversos mecanismos, utilizados pela boca dos músicos, para que o ar seja inflado para dentro do tubo do instrumento, produzindo, cada qual, um timbre característico. Alguns músicos fazem uso de um bocal arredondado, como o trompete (Figura 1.25), o trombone, a tuba e a trompa; outros, por sua vez, utilizam um dispositivo feito de cana, chamado de *palheta*. O clarinete (Figura 1.26) e o saxofone utilizam palheta simples; o oboé (Figura 1.27) e o fagote usam palheta dupla. Na flauta, o ar é inflado por um orifício na extremidade do instrumento. Cada uma dessas formas de inflar o ar colabora para criar um espectro sonoro característico, ou seja, o timbre de cada instrumento.

Figura 1.25 – Bocal de um trompete

Figura 1.26 – Palheta simples de um clarinete

Figura 1.27 – Palheta dupla de um oboé

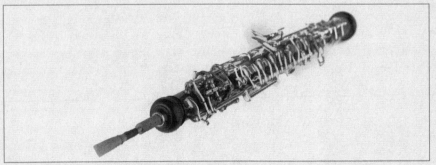

Em alguns instrumentos, a diferenciação da região de toque na principal fonte sonora extrai variados timbres, criando nuances em fraseados e trechos musicais. Nesse sentido, há duas técnicas de execução bastante utilizadas em violino, viola, violoncelo e contrabaixo, chamadas de *sul tasto* e *sul ponticello*. Na primeira, o músico passa o arco na região mais próxima do espelho, extraindo, assim, um timbre mais doce. Na segunda técnica, o arco é passado próximo ao cavalete, produzindo um som mais penetrante e "nasal" (Sadie, 1994). De acordo com o *Dicionário Grove de música*, o espelho corresponde à "parte de um instrumento de cordas sobre a qual as cordas se estendem e contra a qual são pressionadas ou presas" (Sadie, 1994, p. 303).

Os membranofones geralmente oferecem ricas possibilidades timbrísticas, de acordo com diferentes tipos de golpes e com as regiões de toque aplicadas pelo percussionista. No universo da orquestra sinfônica, há o tímpano (Figura 1.28), instrumento de pele tensionada equipado com um pedal que possibilita a mudança de afinação das notas.

Figura 1.28 – Tímpano

Boris Medvedev/Shutterstock

O tímpano é um instrumento composto por um grupo de tambores, variando de duas a cinco unidades, tocados por um único músico, sendo o agrupamento de quatro tambores a forma de apresentação mais recorrente. As membranas desses tambores têm grandes proporções de diâmetro: a maior delas mede 32 polegadas, ou seja, 81 centímetros. Isso significa que o timpanista tem uma ampla área de possibilidade do golpe para extrair o som da pele. Variando as regiões de toque em uma membrana de diâmetro tão grande, é possível escutar claramente as variações de timbre de uma área para outra.

No âmbito orquestral, o timpanista pode utilizar a área mais próxima do centro da pele para buscar, em passagens musicais lentas e dramáticas, um som de timbre profundo e pesado. Já em trechos de leveza e velocidade, a área de toque mais próxima da borda da pele é muito utilizada, pois produz uma sonoridade mais brilhante e definida.

Audição livre

Ouça as diferenças de timbre realizadas no tímpano na peça *Canaries*, uma das oito peças escritas por Elliott Carter.

CANARIES - Elliot Carter 2016 (3min. 27s). Disponível em: <https://www.youtube.com/watch?v=qMV6iQd_Yxc>. Acesso em: 14 set. 2020.

Na música contemporânea, há compositores que estipulam pontos fixos de toque e, valendo-se das nuances de timbre, criam suas composições. Elliott Carter (1908-2012), compositor norte-americano, escreveu oito peças para tímpano solo. Nessas obras, três áreas fixas são determinadas como regiões de toque, criando três timbres sobre os quais toda a estrutura musical foi organizada. As áreas especificadas por Carter são: centro da pele; região normal de toque (entre o centro e a borda); e extrema borda da pele.

Figura 1.29 – Três diferentes áreas de toque fixadas por Elliott Carter

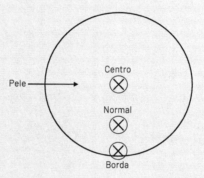

Essas áreas de toque da pele do tímpano podem ser exploradas em qualquer tambor, sendo que cada tipo de instrumento ofertará uma paleta diferente de sonoridades.

 Se ligue no batuque!

Em muitos instrumentos do universo da percussão, o som é emitido por meio do uso de baquetas (Figura 1.30). A decisão acerca de qual tipo de baqueta deve ser empregado para a execução está diretamente relacionada ao timbre que o percussionista pretende alcançar. Há uma infinidade de tipos de baquetas, que variam em tamanho, peso, material, formato etc.

Figura 1.30 – Tipos de baquetas utilizadas na percussão

Por fim, um elemento definitivo que oferece personalidade aos timbres dos instrumentos é o fenômeno da acústica chamado de **série harmônica**. Esse princípio acontece de forma fixa e definida quando as cordas tensionadas e o ar dentro de tubos passam a vibrar (Zamacois, 2009). Mais especificamente, além de as cordas e os tubos vibrarem por inteiro, outras oscilações menores acontecem simultaneamente, criando frequências parciais além da principal, denominada *nota fundamental*. Sendo assim, quando um instrumento de cordas ou de sopro emite uma nota, além do som mais grave, que é escutado com mais clareza pelo ouvido humano, um vasto espectro de sons mais agudos soa ao mesmo tempo. Os *harmônicos*, como são conhecidos, correspondem a sons secundários que, à medida que se tornam mais agudos, ficam mais próximos um do outro e caminham até o limite de frequências que o ser humano é capaz de escutar. As primeiras oscilações parciais – em uma relação de metade, 3ª (terça),

4ª (quarta), 5ª (quinta) etc. com a fundamental – normalmente são mais presentes e, por vezes, distinguíveis com nitidez pelo ouvido humano.

Observe a Figura 1.31, que mostra exemplos de oscilação de uma corda: a primeira oscilação é a primária, e as demais, secundárias:

Figura 1.31 – Uma corda e suas oscilações primária e secundárias

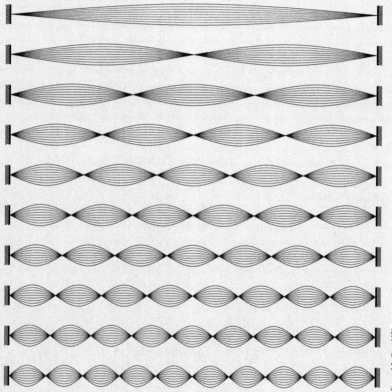

Audição livre

Ouça uma nota fundamental e alguns de seus harmônicos na página eletrônica indicada a seguir. Pressionando o botão esquerdo do *mouse* passe-o sobre as notas e ouça o som produzido.

CHEN, A. **Harmonics**. Disponível em: <https://alexanderchen.github.io/harmonics/?howmany=16>. Acesso em: 14 set. 2020.

Essas frequências embutidas em cada nota fundamental variam de intensidade conforme cada instrumento, formando diferentes combinações de timbre. Em alguns, os harmônicos mais agudos soam mais forte, tornando sua sonoridade mais vívida. Em outros, o timbre é mais opaco, pois os primeiros parciais da série harmônica se fazem mais presentes.

1.6 Outras possibilidades

Até agora, comentamos as quatro propriedades fundamentais do som: (1) altura, (2) duração, (3) intensidade e (4) timbre. Esses são os elementos que criam a malha sonora em que a música acontece. Contudo, há alguns efeitos utilizados por grandes compositores da música de concerto que não só se inter-relacionam com os parâmetros do som, mas também despertam outras sensações auditivas no público.

Um desses efeitos consiste em dispor determinado instrumento, utilizado na obra, fora do palco. Em inglês, isso é nomeado *offstage*. Tal recurso vem explicitado na partitura pelos compositores, por vezes no início da obra, na lista que especifica quais instrumentos são necessários. Em alguns casos, essa indicação surge somente no trecho musical em que o músico deve estar fora do palco.

Trompete e trompa são os instrumentos mais solicitados a realizar o efeito *offstage*, assim como alguns instrumentos de percussão, como caixa clara e sinos, visto que todos eles têm uma grande potência sonora. Por isso, mesmo posicionados fora do palco, ainda podem ser ouvidos com clareza. Há um caso bastante interessante em que o compositor pede que um coral de vozes femininas esteja fora do palco. Trata-se da obra *Os planetas*, do compositor inglês Gustav Holst (1874-1934). Composta em 1916, ela envolve uma orquestra gigantesca e é formada por sete movimentos: "Marte", "Vênus", "Mercúrio", "Jupiter", "Saturno", "Urano" e "Netuno". O coro feminino é utilizado por Holst de uma maneira bastante imaginativa, compondo um contraponto entre a grande potência sonora de uma imensa orquestra e a sutileza das vozes femininas. Um dos aspectos mais originais da peça é justamente dado pelo fato de que é o coro de mulheres que encerra a obra, repetindo um padrão de notas que se perde na distância, criando, assim, um impactante efeito de mistério.

Ao executar um trecho musical fora do palco, o som do instrumento dialoga principalmente com duas propriedades do som: intensidade e timbre. No que tange à sonoridade, o instrumento perde volume, e seu timbre fica mais abafado. No entanto, cria-se um efeito extramusical; dado que o público não pode visualizar o instrumentista, a tendência é que se desperte nele surpresa e curiosidade. Além disso, o espectador tem a impressão de que aquela música está sendo realizada fora do palco está sendo executada ao longe, como algo presente somente na memória tanto do compositor quanto do público.

Gustav Holst

Na Figura 1.32, há uma lista com os instrumentos que fazem parte da obra *Os planetas*, de Gustav Holst. Ao mencionar o coro feminino, o compositor explicita com a palavra *offstage* o fato de que as vozes devem ser posicionadas fora do palco, deixando claro suas intenções musicais.

Figura 1.32 – Detalhe da lista de instrumentação da obra *Os planetas*, de Gustav Holst

Flute 1 - 4
Oboe 1 - 3
English Horn
Clarinet 1 - 3
Bass Clarinet
Bassoon 1 - 3
Double Bassoon
Horn 1 - 6
Trumpet 1 - 4
Trombone 1 - 3
Tenor Tuba
Bass Tuba
Timpani (2 players)
Percussion (3 players)
    Bass Drum, Side Drum, Cymbals, Triangle, Tambourine, Gong,
    Bells, Xylophone, Glockenspiel,
Celesta
Harp 1,2
Organ
Female Chorus (6-part, OFFSTAGE)
Violin I,II
Viola
Violoncello
Doublebass

Fonte: Elaborado com base em Holst, 1985, p. 8.

Outro efeito, bastante imaginativo, foi utilizado pelo compositor grego Iánnis Xenákis (1922-2001), na obra intitulada *Persephassa*, composta em 1969. A peça foi escrita para um grupo de seis percussionistas, cada um utilizando diversos instrumentos, como tambores, pratos, blocos de madeira, chocalhos, apitos, entre outros. O efeito solicitado por Xenákis nessa obra também envolve o posicionamento dos músicos. O compositor orienta que os percussionistas devem se posicionar ao redor do público, formando um hexágono, com a plateia inserida no centro. Isso proporciona uma experiência de 360° com as sonoridades da obra, diferente, portanto, daquela experiência tradicional de se posicionar o espectador de frente para os músicos a fim de assistir a um concerto em um teatro comum. Ao final de *Persephassa*, inicia-se um trecho musical em que os percussionistas executam uma pequena informação musical, um seguido do outro. Por causa do posicionamento dos percussionistas, essa informação caminha em círculo ao redor da plateia, de forma que a música gira em 360° nos ouvidos de cada pessoa.

Figura 1.33 – Instruções de Xenákis quanto ao posicionamento dos músicos em *Persephassa*

Percussionista **A**   Percussionista **F**

Percussionista **B**   **Público**   Percussionista **E**

Percussionista **C**   Percussionista **D**

Fonte: Elaborado com base em Xenákis, 1970, p. 40.

Portanto, assim como Holst, Xenákis fornece orientações sobre o posicionamento dos intérpretes na instrumentação da obra. Na Figura 1.33, cada letra (A, B, C, D, E e F) simboliza a localização de um percussionista; o público, por sua vez, figura na parte central do desenho.

Resumo da ópera

A arte musical somente é possível graças à existência das ondas sonoras, que são invisíveis aos olhos, mas captadas pelo sentido da audição. Elas nascem das oscilações de corpos vibrantes e são transmitidas ao ouvido humano por meio de um transmissor elástico, como o ar, por exemplo. Quando o som se apresenta ao ouvinte, carrega consigo quatro características principais, relacionadas à (1) frequência, à (2) duração, à (3) amplitude da onda e à (4) composição timbrística.

A frequência da onda, quando mantém uma constância fixa, transparece um tom. As diferenças de frequência compõem a esfera das alturas dos sons e podem ser medidas pelas quantidades de ciclos por segundo que a onda perfaz (em Hertz). Toda vez que um som é produzido, ele é demarcado por início e fim, o que gera as durações musicais. Dependendo da energia com que o som foi gerado, as ondas demonstram variações de amplitude, criando diferenças de intensidade sonora, isto é, produzindo sons mais fortes ou mais fracos. Por fim, os sons e os instrumentos apresentam uma personalidade, certa coloração que possibilita diferenciar uns dos outros ou, ainda, reconhecê-los com precisão. A essa característica do som é dado o nome de *timbre*.

Teste de som

1. O efeito *offstage* utilizado por alguns compositores se inter-relaciona principalmente com dois parâmetros do som. Quais são eles?
   a) Distância e altura.
   b) Altura e duração.
   c) Intensidade e altura.
   d) Intensidade e timbre.
   e) Posicionamento e distância.

2. Com relação à tessitura, assinale a alternativa correta:
   a) Trata-se da capacidade de alcance de frequências de um instrumento musical.
   b) É a medida utilizada para apontar as diferenças de intensidades sonoras.
   c) É o único elemento que difere um instrumento do outro.
   d) Corresponde ao âmbito de duração entre as notas curtas e longas.
   e) É uma propriedade do som.

3. Assinale a alternativa que apresenta o fenômeno sonoro fundamental para a constituição do timbre dos instrumentos de corda e de sopro.
   a) Palheta dupla.
   b) Potência do som.
   c) Série harmônica.
   d) Articulação.
   e) Frequências.

4. Assinale a alternativa **incorreta** a respeito da propriedade da altura nos instrumentos de cordas e sopros.
   a) Quanto maior a corda, mais grave o som.
   b) Quanto mais leve a corda, mais agudo o som.
   c) Quanto mais elevada a temperatura do ar dentro do tubo, mais agudo o som.
   d) Quanto mais tensionada a corda, mais grave o som.
   e) Quanto maior o tubo, mais grave o som.

5. Qual é o dispositivo utilizado pelo oboé para gerar a vibração sonora?
   a) Palheta simples.
   b) Baqueta.
   c) Arco.
   d) Tubo de ressonância.
   e) Palheta dupla.

 Treinando o repertório

Pensando na letra

1. Até que ponto as propriedades do som influenciam umas às outras? Neste capítulo, foi possível perceber que, quando a amplitude da onda é alterada, a frequência continua igual, caso não haja modificações na fonte sonora. Em contrapartida, a intensidade dos sons parciais altera o timbre dos instrumentos. Sendo assim, quais seriam

outras possíveis interações entre os parâmetros sonoros? Por exemplo: Será que existem casos em que a duração ou o timbre afeta a altura?

2. Muitos estudantes de música, durante o aprendizado de um instrumento musical, cometem erros por não compreender as propriedades do som separadamente. Um dos erros mais comuns reside na relação equivocada entre a intensidade e a duração. Os alunos costumam, ao diminuir a intensidade de determinado trecho musical, aumentar o tempo de duração das notas, tornando a velocidade da música mais lenta, assim como, ao crescerem em intensidade, aumentam a velocidade da música. Se você for um praticante de algum instrumento musical, verifique se está cometendo esse tipo de equívoco.

Som na caixa

1. Faça uma lista de palavras-chave que têm relação direta com cada propriedade do som. Siga o exemplo a seguir:

Altura

frequência;

grave e agudo;

tessitura;

hertz;

notas musicais;

comprimento da onda.

Duração

...

...

Intensidade

...

...

Timbre

...

...

2. Tendo em vista a atividade de apreciação musical, ouça as duas obras citadas neste capítulo como exemplo do uso de diferentes posicionamentos dos músicos no palco.

> IANNIS Xenakis - Persephassa (percussion sextet). 2016 (29min 23s). Disponível em: <https://www.youtube.com/watch?v=QtBmIcA4Z7Y>. Acesso em: 14 set. 2020.
> "THE PLANETS" Symphonic Suite - Gustav Holst. 2020 (49min 28s). Disponível em: <https://www.youtube.com/watch?v=QtBmIcA4Z7Y>. Acesso em: 14 set. 2020.

Capítulo 2

NOTAÇÃO MUSICAL: ALTURAS

Primeiras notas

A escrita musical consiste na maneira como a música é grafada de forma que os músicos possam interpretá-la. Nesse momento, você pode estar se perguntando: Como, afinal, ocorre a conversão dos sons em linguagem visual, para que, por meio da leitura, se possa dar vida às músicas? Quais são os caminhos, meios e artifícios que tornam possível a extração das informações musicais grafadas e sua transformação em sons acessíveis aos ouvidos humanos? As respostas a esses questionamentos encontram-se nas propriedades do som, nos quatro parâmetros que regem a natureza da música, já estudados no capítulo anterior. Pensemos: para definir a altura, existem as notas musicais e seus diferentes posicionamentos. Já a duração é descrita pelas formas das notas bem como por alguns símbolos e pontuações. Certas palavras, abreviações e sinais indicam a intensidade e o timbre. Dessa forma, para cada característica do som, há um relativo visual que varia e se transforma de acordo com a movimentação da música.

Ao longo deste capítulo, pormenorizaremos os elementos da notação baseados no parâmetro da altura do som. A pauta musical é o primeiro deles, pois fornece a teia estrutural que serve de base para a escrita das notas. Depois, abordaremos as claves, que indicam se as notas estão no registro grave, médio ou agudo. Na sequência, mostraremos os nomes das notas e seus posicionamentos na pauta. Por fim, conheceremos o artifício utilizado quando as notas extrapolam a região da pauta, bem como os símbolos que geram pequenas alterações na altura das notas.

2.1 Pauta

Antes de iniciarmos o tema propriamente dito, analisaremos, brevemente, o lugar ou o espaço no qual as informações musicais são grafadas, chamado de *partitura*. Tradicionalmente, usa-se, para a escrita em partituras, folhas de papel, mas, com o avanço tecnológico, as folhas impressas vêm sendo substituídas pelas telas de dispositivos eletrônicos. No âmbito orquestral, em que a música é formada pelo conjunto de vários instrumentos, a partitura utilizada pelo maestro exibe simultaneamente todas as linhas que integram a obra. Já os músicos instrumentistas fazem uso do que é conhecido como *parte*, um extrato da partitura que contém somente a linha musical pela qual cada um é responsável. Daí a origem do termo **partitura**: do italiano *partire* (dividir), pois a partitura é dividida em várias partes separadas que, juntas, formam o todo (Sadie, 1994).

Em um primeiro momento, o estudante de música pode se sentir um pouco perdido ao visualizar pela primeira vez a partitura de uma obra para orquestra. Entretanto, no que diz respeito ao posicionamento dos instrumentos, existe uma organização baseada em uma das propriedades do som, a **altura**. De cima para baixo, os instrumentos são distribuídos do agudo para o grave, de maneira geral. O instrumento com a capacidade de alcançar notas extremamente agudas, por exemplo o flautim (flauta *piccolo*), quando presente na instrumentação, ocupa a primeira linha mais acima da página, ao passo que o contrabaixo, encarregado das notas mais graves, encontra-se na parte mais inferior. Além disso, há uma ordem, de cima para baixo, que contempla as famílias da orquestra: madeiras, metais, percussão e cordas. Dentro dessas famílias, também se segue a ordem do agudo para o grave.

Em linhas gerais, o ordenamento dos instrumentos da orquestra em uma partitura respeita a lista a seguir, posicionando-se de cima para baixo, do agudo para o grave. Outros instrumentos, como o piano, a harpa, o saxofone, os solistas, as vozes individuais e os corais, também estão presentes em diversas obras, e, em geral, ocupam a posição acima das cordas.

Madeiras

- flautim;
- flautas;
- oboé;
- corne inglês;
- clarinete;
- clarone;
- fagote;
- contrafagote.

Metais

- trompas;
- trompete;
- trombone;
- tuba.

Percussão

- tímpano;
- outros instrumentos de percussão.

Cordas

- violino;
- viola;
- violoncelo;
- contrabaixo.

Audição livre

Acompanhe esta partitura de orquestra com solista: *Concerto para Trompa n. 1*, de Richard Strauss.

RICHARD Strauss - Horn Concerto No. 1 [w/ score]. (16 min. 01 s).
Disponível em: <https://www.youtube.com/watch?v=7Hs-DPO9C9og&t=28s>. Acesso em: 14 set. 2020.

Tendo fornecido essas informações basilares sobre a partitura, nos dedicaremos à apresentação da pauta musical. Diferentes bibliografias datam o surgimento de uma linha horizontal no canto litúrgico da Igreja Católica nos séculos IX e X. Essa única linha, muitas vezes na cor vermelha, era utilizada pelos monges medievais em uma notação musical ainda bastante rudimentar. Depois, uma segunda linha, de cor amarela, foi acrescentada. Todavia, a pauta consolidou-se na escrita musical por Guido d'Arezzo (992-1050), que propôs a fixação das distâncias entre as notas musicais utilizando três e, em seguida, quatro linhas – forma usada até hoje no canto gregoriano, em que a pauta é também chamada de *tetragrama*. A esse respeito, Bohumil Med (2017) relata que somente no século XVII a pauta musical se estabilizou da forma como é utilizada na notação moderna.

Portanto, para serem grafados, os sons necessitam de uma estrutura fixa a fim de que as notas ganhem cada qual sua posição correta. A pauta (Figura 2.1) é composta por cinco linhas horizontais, por isso também é denominada *pentagrama*. Essas linhas devem ser paralelas e conter a mesma distância entre si.

Figura 2.1 – Pauta musical ou pentagrama

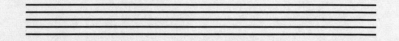

A contagem das linhas do pentagrama (Figura 2.2) é feita de baixo para cima, ou seja, a primeira se encontra na parte inferior, e a quinta, na parte superior.

Figura 2.2 – Contagem das linhas do pentagrama

Os espaços acima e abaixo das linhas também são utilizados para o posicionamento das notas, formando, ao total, quatro espaçamentos. A contagem desses espaços (Figura 2.3) é feita, igualmente, de baixo para cima. Vale dizer que, aqueles que estão abaixo da primeira linha e acima da quinta linha também são utilizados, porém, fazem parte do que é chamado de *linhas suplementares*, assunto que será tratado logo adiante.

Figura 2.3 – Contagem dos espaços de um pentagrama

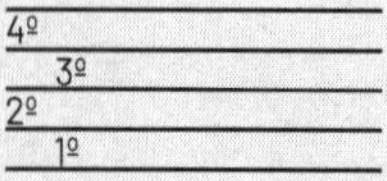

As notas podem ser posicionadas de duas maneiras: no meio da linha ou preenchendo os espaços (Figura 2.4).

Figura 2.4 – Posicionamentos das notas

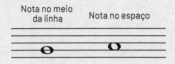

No processo de aprendizagem, é muito comum escrever as notas na pauta à mão. Desse modo, é preciso prestar atenção para que elas não apresentem deformidades, gerando, assim, dúvidas sobre sua posição.

Figura 2.5 – Notas que geram dúvida quanto ao posicionamento na pauta

Incorreto

Com relação à altura das notas no pentagrama, à medida que elas se movem para cima, mais agudo torna-se o som (Figura 2.6). Quando caminham para baixo, o som fica mais grave (Figura 2.7).

Figura 2.6 – Notas movendo-se da esquerda para a direita, do grave para o agudo

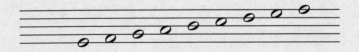

Figura 2.7 – Notas movendo-se da esquerda para a direita, do agudo para o grave

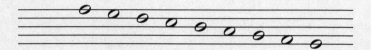

Na partitura, cada linha musical, contendo uma ou mais pautas, chama-se *sistema*. Um traço vertical ao lado esquerdo demonstra quantas pautas formam o sistema.

Figura 2.8 – Sistema formado por quatro pautas

Para informar quais pautas pertencem a um mesmo instrumento ou a um mesmo grupo de instrumentos, são utilizadas chaves, também ao lado esquerdo da pauta. Ao final do sistema, um traço vertical demonstra as pautas conectadas pelas chaves.

Figura 2.9 – Sistema com chaves

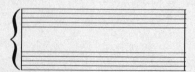

Portanto, as principais funções da pauta ou do pentagrama são: (a) gerar uma base formada de cinco linhas e quatro espaços para que as notas sejam posicionadas, tanto no centro quanto entre as linhas; (b) fornecer a diferenciação entre sons agudos e graves.

A seguir, abordaremos a ferramenta da escrita musical que define o posicionamento e nomeia as notas: as chamadas *claves*.

2.2 Claves

No que concerne à propriedade de altura, existem algumas maneiras pelas quais se pode caracterizar as notas musicais. Uma delas é por meio de suas sonoridades absolutas, ou seja, medindo as frequências das notas em hertz. Dessa forma, é possível precisar quantas vibrações por segundo são apresentadas por cada nota. No entanto, essa forma de designação da altura é mais utilizada por especialistas e estudiosos dos fundamentos da física do som, da área da acústica musical.

Em música, as sonoridades grafadas não são absolutas, mas sim relativas. Isso significa que as notas emitidas pelos instrumentistas e pelos cantores podem variar ligeiramente, dependendo de situações específicas. A pauta musical ou pentagrama, por si só, não permite reconhecer as notas que nela estão grafadas, pois meramente indica a distinção entre grave e agudo. Assim, a pauta facilita a leitura, oferecendo linhas e espaços para o posicionamento das notas, mas o elemento que, de fato, designa o nome das notas e a forma como devem soar musicalmente chama-se *clave*. O termo *clave* vem do latim e significa "chave" – portanto, ela concede a chave para nomear as notas.

As claves dão nome às notas e definem suas alturas musicais por meio de um processo bastante simples. Elas sempre demarcam uma linha do pentagrama, nunca um espaço. Nessa linha, é fixada uma nota a partir da qual todas as outras ganham suas devidas qualidades de nome e som. Nesse sentido, a clave cria uma referência para se reconhecer as outras alturas.

Uma clave deve sempre ocupar o início de uma pauta, salvo raros casos de excessão. Por vezes, diferentes claves aparecem no decorrer do pentagrama, prevalecendo até que outra clave as substitua. Nesse caso, normalmente essa nova clave surge em tamanho (fonte) um pouco menor que a clave principal do início da pauta.

Em português, e em diversas outras línguas, as claves ganham o nome da nota que designam como orientação. São três os tipos de claves: (1) clave de Sol, (2) clave de Fá e (3) clave de Dó. A seguir, comentaremos as particularidades de cada uma delas.

2.2.1 Clave de Sol

A clave de Sol (Figura 2.10) talvez seja um dos símbolos mais conhecidos da notação musical. Sua série de contornos forma um desenho que tem origem na letra G, pois países de língua inglesa e alemã dão nome às notas conforme as letras do alfabeto (G = nota Sol). A transformação da letra G ao formato atual da clave de Sol levou muitos séculos, passando por inúmeras formas e contornos, conforme a região ou o compositor. Segundo Bohumil Med (2017), as primeiras aparições desse formato remontam ao século XIII.

Figura 2.10 – Clave de Sol

Zoart Studio/Shutterstock

Algumas formas antigas da clave de Sol eram grafadas em uma linha diferente da pauta ou traziam dois pontos, com a função de demarcar com clareza sua posição.

Figura 2.11 – Clave de Sol com características em desuso: posicionamento na primeira linha e representação de dois pontos

Com o intuito de ajudá-lo, leitor, a se familiarizar com a clave de Sol e suas regras de posicionamento, propomos desenhá-la manualmente. Realizaremos o processo passo a passo, construindo seu desenho por partes.

A clave de Sol tem a função de definir o posicionamento da nota Sol, fazendo-a ocupar o centro da segunda linha. Portanto, o desenho da clave deve ser grafado baseando-se na segunda linha do pentagrama.

Figura 2.12 – 1º passo: a clave de Sol deve ser grafada na segunda linha do pentagrama

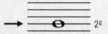

No segundo passo, inicia-se o desenho na segunda linha da pauta, na qual é realizada uma espécie de círculo ao redor dessa linha, evidenciando, assim, onde a nota Sol será grafada.

Figura 2.13 – 2º passo: desenhar um círculo rodeando a segunda linha da pauta

A terceira parte consiste em seguir uma linha ascendente, realizando, ao final, um contorno para a esquerda.

Figura 2.14 – 3º passo: desenhar um traço ascendente, contornando à esquerda ao final

Na quarta e última parte, deve-se grafar um traço reto descendente, que faça, ao final, uma pequena curva à esquerda.

Figura 2.15 – 4º passo: desenhar um traço descendente, contornando levemente à esquerda ao fim

2.2.2 Clave de Fá

Se a clave de Sol é uma representação estilizada da letra G, a clave de Fá (Figura 2.16) segue a mesma ideia, agora com relação à letra F, já que ela serve para apontar a localização da nota **Fá**. Seu surgimento ocorreu por volta do século IX (Med, 2017), antecedendo, portanto, a clave de Sol.

Figura 2.16 – Clave de Fá

IvanDbajo/Shutterstook

Seguindo a mesma ideia, mostraremos como grafá-la manualmente e, dessa forma, conhecer suas características.

Em relação à linha em que a clave deve ser posicionada na pauta, há mais possibilidades que na clave de Sol. Ela pode ser grafada tanto na quarta linha – que é a forma mais frequentemente utilizada – quanto na terceira. Neste momento, a posição escolhida será na quarta linha, onde é grafada mais comumente.

Figura 2.17 – 1º passo: grafar a clave de Fá na quarta linha

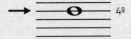

No segundo passo, inicia-se parte de um círculo na quarta linha da pauta, da esquerda para a direita, rodeando-a parcialmente.

Figura 2.18 – 2º passo: desenhar parte de um círculo que rodeia parcialmente a quarta linha do pentagrama

O terceiro passo consiste em seguir em linha reta para a esquerda, traçando uma diagonal que acaba antes do fim da pauta. Dois pontos devem ser notados para salientar a quarta linha, evidenciando com mais clareza o posicionamento da nota Fá.

Figura 2.19 – 3º passo: concluir o desenho traçando uma linha diagonal que termina antes do fim do pentagrama; anotar dois pontos, um acima e outro abaixo da quarta linha

2.2.3 Clave de Dó

Apesar de seu formato se assemelhar ao da letra B, a clave de Dó (Figura 2.20) tem origem na letra C – símbolo alfabético para a nota **Dó**. Nos dias atuais, essa clave é utilizada com menos frequência, aparecendo somente em situações mais específicas da música. Na orquestra sinfônica, por exemplo, essa clave é a principal para a viola de arco, ao passo que o violoncelo, o trombone e o fagote fazem uso dela apenas em casos especiais. A clave de

Dó pode ser grafada baseando-se na primeira, segunda, terceira e quarta linhas, sendo a terceira linha sua forma mais frequente. A função da clave de Dó é demonstrar o posicionamento da nota **Dó**.

Figura 2.20 – Clave de Dó

A fim de grafá-la manualmente, o posicionamento escolhido será na terceira linha. O primeiro passo é realizar dois traços, sendo o primeiro mais grosso e o segundo mais fino.

Figura 2.21 – 1º passo: realizar dois traços na pauta

A seguir, deve-se desenhar dois pequenos semicírculos que se iniciam próximos à barra fina, cercando a terceira linha da pauta.

Figura 2.22 – 2º passo: desenhar dois pequenos semicírculos

Para finalizar, devemos grafar duas linhas "C" inversas, uma na parte superior da terceira linha, e outra na parte inferior.

Figura 2.23 – 3º passo: grafar duas letras "C"

Agora você já sabe como grafar manualmente as três claves musicais: de Sol, de Fá e de Dó.

2.3 Notas

As notas são os símbolos que representam os sons na notação musical moderna. Em uma partitura, cada som que integra a música corresponde a uma nota. Assim como, para compor e ler um texto escrito, são necessárias letras e palavras, para se compreender o discurso musical, são necessárias notas. Apesar de existir uma imensa variedade de possibilidades sonoras, na música clássica ocidental bastam sete notas estruturais para grafar todas as alturas dos sons.

Dependendo do país ou da região, a nomenclatura das notas pode ocorrer de duas formas básicas: (1) alfabética e (2) silábica. Em países anglo-saxônicos, como os Estados Unidos, a Inglaterra e a Alemanha, as notas são nomeadas com letras, seguindo o abecedário de A a G, as sete notas-bases ganham cada uma sua designação. O sistema alfabético é bastante antigo, antecedente ao silábico, e remonta à civilização grega, na qual achados dos séculos III e II a.C. registram a utilização de letras como meio para expressar os sons.

No Brasil e em países latinos, é empregado o sistema silábico. Por volta do ano 1000, Guido d'Arezzo sugeriu que as notas fossem nomeadas pelas sílabas retiradas de um hino a São João Batista. As notas então passaram a ser conhecidas como *Ut*, *Ré*, *Mi*, *Fá*, *Sol*, *Lá* e *Si*. Séculos mais tarde, a sílaba *Ut* foi alterada para *Dó* (em quase todos os países, salvo na França), conforme mostra o Quadro 2.1. Na Alemanha, a nota Si é designada pela letra H, e a letra B é usada para especificar a nota Si bemol.

Quadro 2.1 – Sistemas de nomenclatura das notas musicais

	França: Ut						
Silábico	Dó	Ré	Mi	Fá	Sol	Lá	Si
Alfabético	C	D	E	F	G	A	B
							Alemanha: H

Como apenas sete notas podem suprir tamanha quantidade de sons, se considerarmos, por exemplo, que um piano tem 88 teclas, ou seja, 88 possibilidades de sons? O fato é que, quando dispostas de forma sucessiva, a oitava nota é a repetição da primeira – o mesmo som, mas em uma região mais aguda ou mais grave. Dispondo-se as notas em sequência, de maneira ascendente ou descendente, logo após o sétimo som, outro grupo idêntico de notas se inicia, seguindo a mesma ordem estabelecida pelo primeiro grupo. De forma ascendente, as notas seguem a ordem: Dó, Ré Mi, Fá, Sol, Lá e Si. Quando o Dó se repete, há uma sequência idêntica que se reinicia: Dó, Ré, Mi, Fá, Sol, Lá e Si, e assim por adiante. De forma descendente, instaura-se a ordem inversa das notas: Dó, Si, Lá, Sol, Fá, Mi e Ré, e ao chegar ao Dó a mesma ordem se repete. Nesse momento, é importante que você, leitor, memorize as duas ordens, em movimento para cima e para baixo.

Figura 2.24 – Ordem das notas musicais de forma ascendente e descendente

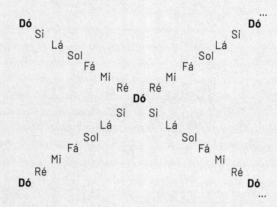

Tendo exposto a sequência das notas musicais, cabe explicar como elas podem ser posicionadas de acordo com seu lugar na pauta e clave em exercício. Comecemos pela nota Sol na clave de Sol (Figura 2.25): no meio da segunda linha do pentagrama, compreendendo a localização da própria clave. O teclado do piano (presente nas figuras a seguir) auxilia na demonstração da localização das notas em um contexto maior da extensão das alturas dos sons. Dessa forma, você pode visualizar com mais clareza as notas em relação às regiões grave, média e aguda da tessitura musical.

Figura 2.25 – Nota Sol na clave de Sol

Com a referência da nota Sol, é possível chegar, por dedução, ao posicionamento das outras notas, seguindo as ordens descendente ou ascendente, preenchendo as linhas e os espaços do pentagrama. Observe, na Figura 2.26, a nomeação das notas tendo como base de referência a nota Sol. O teclado do piano demonstra a região em que elas se encontram.

Figura 2.26 – Nomes das notas em clave de Sol

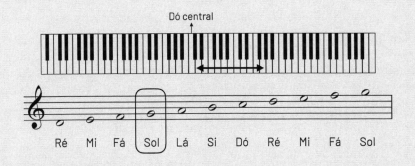

Quando a clave de Sol é empregada, as notas que ocupam o pentagrama são principalmente da região aguda.

A clave de Dó pode variar em relação à linha em que está posicionada. Sendo assim, focaremos em sua localização na terceira linha da pauta, que é a forma mais comumente utilizada pela viola de orquestra. Quando empregada, ela indica o posicionamento do Dó central (Figura 2.27) – uma nota mais grave que o Sol da clave de Sol.

Figura 2.27 – Nota Dó na clave de Dó

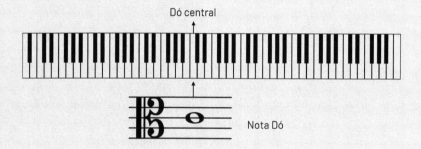

Uma vez que a "chave" foi fornecida (Dó no meio da terceira linha), por dedução, pode-se nomear o restante das notas no pentagrama, conforme a figura seguinte:

Figura 2.28 – Nomes das notas em clave de Dó

Quando a clave de Dó é empregada, as notas que ocupam o pentagrama correspondem principalmente às da região média.

Por fim, mostraremos o posicionamento das notas quando a clave de Fá está em atuação. Utilizaremos essa clave grafada na quarta linha, onde é usada com mais frequência. A clave de Fá indica o posicionamento da nota Fá (Figura 2.29), sendo mais grave que o Dó central.

Figura 2.29 – Nota Fá na clave de Fá

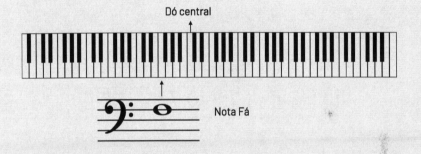

Uma vez que especificamos o posicionamento da nota Fá, podemos encontrar e nomear no pentagrama as outras notas musicais, seguindo as sequências ascendente ou descendente.

Figura 2.30 – Nomes das notas em clave de Fá

Quando a clave de Fá é empregada, as notas que ocupam o pentagrama são principalmente da região grave.

As claves são uma ferramenta importante para que os sons se adaptem ao espaço oferecido pela pauta musical de acordo com sua região de altura. A esse respeito, na Figura 2.31, observe uma sequência ascendente de notas que abrangem as extensões grave, média e aguda. Perceba, na partitura musical da figura, como as claves também podem ser grafadas no decorrer do pentagrama – nesses casos, escritas em fonte um pouco menor.

Figura 2.31 – Notas musicais que abrangem as regiões grave, média e aguda

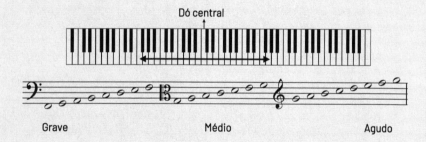

2.4 Linhas suplementares

Até este ponto da obra, observamos a escrita das notas no espaço oferecido pelo pentagrama. No entanto, o que acontece quando a grafia de sons que vão além da pauta mostra-se necessária? Independente de qual clave esteja sendo usada, a partir do momento em que as cinco linhas principais não oferecem mais opção de espaço, emprega-se um recurso conhecido como *linha suplementar.* Para que não seja necessária a mudança de clave, as linhas suplementares são uma alternativa para sons mais graves ou mais agudos que extrapolam os limites do pentagrama.

Essas linhas extras atuam de forma individual para cada nota. Portanto, mesmo com seu uso contínuo, elas não devem formar outra linha horizontal na partitura. Tanto para cima quanto para baixo da pauta, a quantidade de linhas suplementares varia de acordo com a necessidade da extensão pretendida, porém, é indicado evitar excessos. As linhas suplementares são divididas em superiores (para cima da quinta linha) e inferiores (para baixo da primeira linha).

A Figura 2.32 ilustra o uso de linhas suplementares que abrangem as notas das regiões supergrave e superaguda, demonstrando, assim, o posicionamento das notas de quase todo o espectro de alturas mais frequentemente utilizados na música. Repare como o teclado do piano, que está auxiliando no entendimento sobre a extensão das notas musicais, ainda contém notas mais agudas e mais graves que as apresentadas nas linhas suplementares.

Figura 2.32 – Exemplo do uso de linhas suplementares

É importante ressaltar que as linhas suplementares superiores e inferiores podem ser utilizadas em qualquer clave, também não existe uma quantidade máxima estipulada para seu uso – embora, como comentamos, seja indicado evitar excessos.

2.5 Alterações

Além das sete notas musicais estruturais, a música se vale de sons intermediários, conhecidos como **sons cromáticos**, formando, assim, um grupo maior de 12 notas. Até aqui, foram representadas na imagem do piano somente as notas referentes às teclas brancas. De forma geral e simplista, as notas intermediárias ou cromáticas ocupam as teclas pretas do teclado do piano. Na notação moderna, elas são representadas por sinais chamados de *alterações* ou *acidentes*. No Quadro 2.2, são apresentados esses sinais, acompanhados dos respectivos nomes.

Quadro 2.2 – Sinais de alteração ou acidente

sustenido	♯
bemol	♭
bequadro	♮
dobrado sustenido	𝄪
dobrado bemol	♭♭

Os acidentes estão diretamente relacionados com as pequenas variações de alturas que há entre um som e outro. Sons bem próximos, separados por pequenas diferenças de frequência, na região média, por exemplo, estão a uma distância aproximada de 30 Hz. Na música, essas pequenas variações de alturas equivalem a um **semitom** – que significa o espaço existente entre uma tecla branca do piano e uma tecla preta imediatamente ao lado. A soma de dois semitons forma um **tom**.

As funções das alterações ou acidentes seguem o seguinte princípio:

- sustenido: eleva a nota em um semitom.
- bemol: baixa a nota em um semitom.
- bequadro: tira o efeito da alteração precedente.
- dobrado sustenido: eleva a nota em dois semitons, ou seja, um tom.
- dobrado bemol: baixa a nota em dois semitons, ou seja, um tom.

Na música ocidental, duas notas, embora apresentem nomes e qualificações diferentes, podem representar um mesmo som (Dó sustenido e Ré bemol, por exemplo). Em música, tal fenômeno é chamado de *enarmonia*, que vem de *enarmônico*. De acordo com Sadie (1994, p. 297), trata-se de um "termo usado para designar diferentes maneiras de 'formular' o nome de uma nota (p. ex. si sustenido = dó = ré dobrado bemol". Isso acontece porque, no sistema de afinação desenvolvido no Ocidente, as 12 alturas das notas musicais são separadas exatamente pela mesma distância. Esse sistema de afinação denomina-se *sistema de temperamento igual* e se aplica principalmente a instrumentos de afinação fixa, como o piano e o órgão.

Sendo assim, todas as 12 notas básicas, naturais e cromáticas, podem conter três possibilidades de qualificação, com exceção do Sol sustenido ou Lá bemol, que apresentam apenas duas possibilidades. Como exemplo, citamos a nota Dó sustenido. Seu som, dependendo da situação musical, pode ser igualmente representado, na partitura, pelo Si dobrado sustenido ou, ainda, pelo Ré bemol. A frequência não muda, mas a forma como a partitura faz referência ao som é diferente.

Na Figura 2.33, observe as teclas pretas do piano e suas possibilidades de nomeação por meio dos acidentes musicais.

Figura 2.33 – Teclas pretas do piano e suas representações enarmônicas

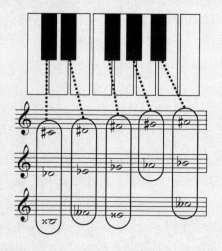

Os acidentes podem ocorrer na partitura de três formas distintas (Figura 2.34). A primeira é no início da pauta, de forma fixa, compondo o que é designado como *armadura de clave*, a qual corresponde às alterações de sustenidos ou bemóis dispostas

ao lado da clave. Na segunda, chamada de *ocorrente*, o acidente é inserido logo antes da nota que ele altera. E a terceira é utilizada somente como precaução, sendo o acidente grafado entre parênteses (Med, 2017).

Figura 2.34 – Formas de utilização das alterações

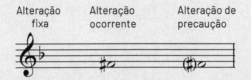

 Resumo da ópera

Neste capítulo, disponibilizamos informações fundamentais sobre a notação musical relacionadas à altura das notas. Primeiramente, verificamos que os símbolos, os termos e as orientações de uma partitura são baseados nas quatro propriedades do som. Nesse sentido, abordamos como um compositor escolhe os timbres de uma obra por meio da seleção dos instrumentos e os ordena na partitura de uma orquestra, baseando-se, de forma geral, no parâmetro da altura e nas famílias dos instrumentos.

No decorrer do conteúdo, demonstramos também que, para escrever uma partitura, é preciso, em primeiro lugar, utilizar a pauta musical, composta por cinco linhas horizontais nas quais as notas são dispostas em seus devidos lugares. Na sequência, informamos que as claves, postadas no início de cada pauta, determinam os posicionamentos dos sons, concedendo a localização de uma nota principal, para que, por dedução, as outras notas possam ser nomeadas.

Logo na sequência, mostramos que as linhas suplementares podem ser utilizadas a fim de que o espaço da pauta seja ampliado, criando, assim, novas linhas e espaços temporários para os sons. Por fim, explicamos o que são os acidentes ou alterações, responsáveis pelos sons cromáticos, aqueles que complementam as sete notas estruturais, formando um grupo maior, com 12 notas.

 Teste de som

1. Observe a partitura a seguir:

Série de notas com diferentes alterações

Agora, assinale a alternativa que indica o nome correto das notas.

a) Lá, Mi bemol, Dó sustenido, Ré e Si dobrado sustenido.

b) Dó, Lá bemol, Lá sustenido, Si bequadro e Dó bemol.

c) Mi natural, Lá bemol, Dó sustenido, Dó bequadro e Ré dobrado bemol.

d) Sol Natural, Sol bemol, Fá bequadro, Ré sustenido e Dó bemol.

e) Mi, Lá, Dó, Dó e Ré.

2. Com apenas sete notas principais, a música pode ser representada em diversas regiões de altura da extensão dos sons. Sob essa ótica, indique a alternativa que explica como isso é possível.
   a) Com o auxílio das alterações, os sons cromáticos podem ser grafados em diversas regiões de altura de extensão dos sons.
   b) As linhas suplementares ampliam o espaço da pauta musical.
   c) Uma partitura contém o uso de várias pautas, que, juntas, formam um sistema.
   d) Após uma sequência de sete notas, outra série de notas de mesma ordem se repete.
   e) Tanto as linhas quanto os espaços da pauta podem ser utilizados.

3. Assinale a alternativa **incorreta**:
   a) O dobrado bemol baixa a nota em um semitom.
   b) O sustenido eleva a nota em um semitom.
   c) O dobrado sustenido eleva a nota em um tom.
   d) O bequadro pode tanto baixar quanto elevar o som de uma nota.
   e) O bemol baixa a nota em um semitom.

4. Observe a partitura a seguir:

Série de notas com acidentes musicais

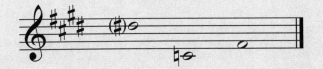

Agora, assinale a alternativa correta:
a) A sequência das notas corresponde a Ré, Dó e Fá.
b) A armadura de clave determinou todos os acidentes.
c) As notas não estão alteradas.
d) O acidente notado por precaução está incorretamente grafado.
e) Os acidentes utilizados foram, respectivamente, de precaução, ocorrente e de forma fixa.

5. Sobre o posicionamento dos instrumentos de orquestra na partitura, analise as afirmações a seguir e marque a alternativa **incorreta**:
a) De forma geral, de cima para baixo, seguem a seguinte ordem: madeiras, metais, percussão e cordas.
b) Baseia-se na propriedade da altura do som.
c) O flautim ocupa a posição mais acima, e o contrabaixo, a posição mais abaixo.
d) Do mais agudo para o mais grave, o naipe de cordas segue a ordem: violino, viola, violoncelo e contrabaixo.
e) Os instrumentos de cordas são os mais importantes, portanto, ocupam a parte mais acima da partitura.

 Treinando o repertório

Pensando na letra

1. É muito comum ver, em livros de teoria musical, a sequência das sete notas musicais inciando-se com a nota Dó.

Contudo, a primeira letra, na nomenclatura alfabética, faz referência à nota Lá, e não à nota Dó. Você sabe dizer por que as nomenclaturas iniciam seu ordenamento com notas diferentes?

2. A notação musical é uma ferramenta para que os compositores possam grafar, na partitura, os sons por eles imaginados. No entanto, com frequência, compositores imaginam inovações musicais, sonoridades que nunca antes foram utilizadas. Nesse sentido, é muito importante que a escrita musical esteja sempre em evolução, acompanhando as novas tendências estéticas. Embora existam regras estipuladas para o uso apropriado das técnicas de notação, a escrita musical não precisa ser cristalizada, podendo sofrer melhorias constantemente, adequando-se à exploração sonora dos compositores. Nesse sentido, se você tivesse que propor uma inovação na notação musical, qual seria?

Som na caixa

1. Em uma folha de papel pautada, treine os desenhos das três claves mais utilizadas na música: as claves de Sol, de Fá e de Dó.

2. Experimente falar o nome das sete notas estruturais em sequência, de forma ascendente e descendente, cada vez começando em uma nota diferente. Por exemplo:

   - Descendente: Mi, Re, Dó, Si, Lá, Sol, Fá; Sol, Fá, Mi, Ré, Do, Si, Lá.
   - Ascendente: Fá, Sol, Lá, Si, Dó, Ré, Mi; Si, Dó, Ré, Mi, Fá, Sol, Lá.

Capítulo 3

NOTAÇÃO MUSICAL: RITMO

Primeiras notas

A duração é a propriedade do som à qual o ritmo está atrelado. Notas com diferentes durações, mais longas ou mais curtas, dão movimento à música. Na escrita musical, as diferenças de tempo de permanência dos sons são organizadas e mantêm uma relação precisa de proporção. Bohumil Med (2017) conclama, em *Teoria da música*, que a altura é o parâmetro do som mais importante. Todavia, como demonstra Joaquin Zamacois (2009), em seu livro também de teoria musical, o ritmo pode ser soberano em relação à altura, podendo existir independentemente das frequências definidas. Qualquer ordem sucessiva de alturas de notas necessariamente tem determinada duração, ao passo que um ritmo pode ocorrer sem a obrigação de representar alturas exatas de sons.

Neste capítulo, portanto, discorreremos sobre os princípios da notação do ritmo, elemento tão importante da música. Iniciaremos com as figuras rítmicas no que diz respeito a seu nome, sua forma, suas regras de notação e seus valores, bem como suas proporções. Em seguida, abordaremos como essas figuras são distribuídas e divididas nas unidades de medida chamadas de *compasso*. Para finalizar, discutiremos diversos aspectos que também compõem a complexa rítmica musical, como o andamento, o pulso, o tempo, o contratempo e a acentuação.

3.1 Figuras musicais e valores rítmicos

Na escrita musical, cada som imaginado pelo compositor é representado na partitura por uma nota. Já observamos que a localização na pauta, os tipos de claves e as alterações fornecem as informações sobre as alturas dos sons. Sob essa ótica, a partir de agora, analisaremos os elementos que representam o ritmo da música. Nesse primeiro momento, deve estar claro que a música é feita tanto de som quanto de silêncio. É certo que o músico que interpreta uma obra emite sons, mas igualmente importantes são os momentos em que ele deixa de executá-los. A música é feita do revezamento entre som e silêncio, e o mais importante: tais silêncios também contêm durações determinadas e que devem ser respeitadas tanto quanto os sons.

 Audição livre

O compositor americano John Cage (1912-1992) evidencia a importância do silêncio na "música" 4'33. No vídeo indicado a seguir, o tema é interpretado por Franz Ventura.

4'33" John Cage - Franz Ventura. (4 min. 33 s). Disponível em: <https://www.youtube.com/watch?v=GwQdqn8XBQg>. Acesso em: 15 set. 2020.

Na linguagem dos símbolos musicais, as *figuras* representam os sons, e as *pausas* simbolizam o silêncio. As **figuras** não são dotadas de um valor absoluto de tempo de duração. Logo, são relativas e guardam entre si uma relação de proporção. O mesmo acontece com as pausas, pois cada figura tem uma pausa correspondente. Sendo assim, em uma obra, determinada figura apresenta duração específica de tempo; logo, sua pausa correspondente dura também o mesmo período, nem mais, nem menos. Nesse sentido, é válido precisarmos o papel ativo e significativo das pausas na música. A **pausa** é uma informação musical escolhida pelo compositor, e caracteriza-se como um espaço de tempo preenchido com silêncio.

A esse respeito, observe, no Quadro 3.1, as figuras rítmicas, que simbolizam as durações de som, e as pausas, que traduzem os tempos dos silêncios.

Quadro 3.1 – Representações de figuras e pausas e seus respectivos nomes

	Semibreve	Mínima	Semínima	Colcheia	Semicolcheia	Fusa
Figuras	𝅝	𝅗𝅥	♩	♪	𝅘𝅥𝅯	𝅘𝅥𝅰
Pausas	𝄻	𝄼	𝄽	𝄾	𝄿	𝅀

Alguns autores de livros teóricos apresentam figuras rítmicas mais longas que a semibreve e mais curtas que a fusa (Quadro 3.2), que também são utilizadas na música, porém com pouca frequência. Uma delas é a *breve*, figura que ajuda a entender um pouco sobre a história da notação musical, visto que, ainda na Idade Média, quando as notas começaram a ganhar valores determinados, era comum o uso de figuras de valor maior que as utilizadas hoje em dia. À medida que a escrita musical progredia, os valores naturalmente se encaminhavam para proporções menores. Somente pelo nome das notas em relação a seu valor, já é possível perceber sua amplitude temporal alargada. No início, os valores mais utilizados eram a máxima, a longa e a breve. Hoje em dia, é usualmente estabelecido como o maior valor a metade da duração da breve, a qual antigamente era a nota de valor mais curto, evidenciando, assim, uma mudança claramente perceptível de durações longas para durações muito mais curtas. A *semibreve*, portanto, é comumente estabelecida como o maior valor na notação atual. Dessa forma, podemos entender a razão do nome *semibreve* – metade do valor da breve. A semifusa e a quartifusa apresentam um valor menor que a fusa, tais figuras já foram utilizadas, por exemplo, pelo compositor Ludwig Van Beethoven (1770-1827).

Audição livre

Ouça o segundo movimento do *Concerto para Piano n. 3*, de Beethoven, em que são utilizadas figuras extremamente curtas.

BEETHOVEN: Piano Concerto No.3 in Cm, Op.37 (Argerich). (35 min. 18 s). Disponível em: <https://www.youtube.com/watch?v=6zocO3Uoa_Y>. Acesso em: 15 set. 2020.

Quadro 3.2 – Figuras utilizadas com menos frequência na notação musical

	Longa	Breve	Semifusa	Quartifusa
Figuras	⌶⌶	‖o‖	♪	♪
Pausas	▪⁻	▪	⁇	⁇

Existe uma regra simples sobre o uso de pausas no pentagrama, qual seja: quando grafada na pauta, a pausa da semibreve deve ficar sob a quarta linha, já a pausa de mínima deve ser disposta acima da terceira linha.

Figura 3.1 – Pausas da semibreve e da mínima

Com excessão da semibreve, as notas contêm hastes, traços ascendentes, colocados à direita da nota, e descendentes, à esquerda da nota. No pentagrama, como regra geral, as notas grafadas abaixo da terceira linha têm haste para cima, e do meio da terceira linha para cima, a haste deve ser desenhada para baixo.

Figura 3.2 – Hastes ascendentes e descendentes das notas

A colcheia, a semicolcheia e a fusa contêm o colchete, uma espécie de bandeirola presa à haste da nota, que deve sempre ser posicionado para o lado direito.

Figura 3.3 – Colchetes das notas sempre a direita

Os colchetes podem se tornar traços de ligação entre notas próximas, formando o que é chamado de *agrupamento* (Figura 3.4). Esse recurso foi desenvolvido na escrita musical para auxiliar a visualização de grupos de sons, evidenciando suas relações de valores. Assim, um colchete é representando por um traço, dois colchetes, por dois traços, e três colchetes, por três traços. O agrupamento também pode ocorrer misturando-se as figuras – por exemplo, uma colcheia conectada a duas semicolcheias.

Figura 3.4 – Exemplos de agrupamentos de notas

Em termos rítmicos, as figuras guardam diferenças de valores entre si, sendo que algumas são consideradas mais longas, outras, mais curtas. Essa diferença acarreta uma proporção dobrada entre uma figura e sua imediata sucessora menor. Por consequência, uma figura tem a metade do valor que sua mais próxima antecessora. A semibreve é tomada como a unidade principal. Na Figura 3.5, a seguir, estão representadas as figuras mencionadas e expressos seus respectivos valores.

Figura 3.5 – Figuras e seus valores

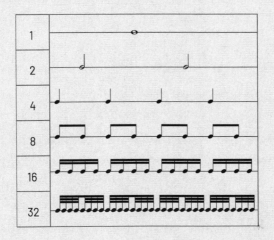

Além das figuras e de seus devidos formatos de nota, com hastes e colchetes, existe outro elemento fundamental na organização da escrita das durações dos sons: o *ponto de aumento*. Posicionado ao lado direito da cabeça da nota, o ponto de aumento (Figura 3.6) prolonga a duração do som. Esse prolongamento tem um valor determinado, adicionando-se metade do valor da figura em questão. Quando a figura pontuada é uma semínima, o valor adicionado pelo ponto é de uma colcheia. Portanto, uma semínima pontuada tem duração equivalente a três colcheias.

Figura 3.6 – Ponto de aumento

3.2 Métrica

A métrica corresponde a um sistema desenvolvido no decorrer da história da notação musical com o objetivo de emoldurar a música, dividindo-a em diversas partes menores e, assim, facilitando sua compreensão e escrita na partitura. Tais partes menores dizem respeito a estruturas que contêm uma unidade à qual as figuras rítmicas subordinam-se.

Logo, qual seria a exata diferença entre o ritmo e a métrica? Para responder a essa pergunta, tomemos como exemplo o tempo e o relógio. O tempo é o conteúdo, existe por si próprio; já o relógio é o recurso inventado pelo ser humano para medir o tempo. Logo, o relógio não pode existir sem o tempo.

Nessa esteira, podemos assumir que o ritmo está para a métrica assim como o tempo está para o relógio. Um ritmo pode ser criado nas mais diversas situações e, basicamente, por qualquer pessoa. A métrica diz respeito a um conjunto de técnicas musicais que confere certa estrutura aos ritmos. O ritmo, portanto, tem vida própria; entretanto, se as notas que compõem a métrica são retiradas, ela perde sua razão de existir (Zamacois, 2009).

Um dos componentes principais da métrica é o compasso: espaço na pauta dividido por barras transversais que organiza a música em vários fragmentos menores. As barras transversais que compõem o compasso são chamadas de *barras de compasso* e devem atravessar verticalmente as cinco linhas do pentagrama. Por vezes, mais funções são adicionadas às barras, gerando uma pequena mudança em seu formato. No início da pauta, e para começar o primeiro compasso (próximo à clave), não é necessário colocar barra de compasso.

Sob essa ótica, visualize, a seguir, os principais tipos de barras de compasso.

Figura 3.7 – Tipos de barras de compasso

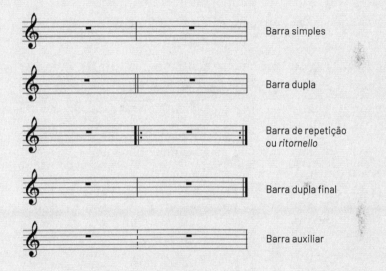

A barra de compasso simples é formada por um traço vertical que atravessa o pentagrama, indicando o início de um compasso e o término de outro. A *barra dupla* é representada por dois traços paralelos e utilizada para demarcar um momento de mudança importante na música. O terceiro tipo se refere ao *ritornello*, que é formado por uma barra simples, por outra um pouco mais grossa e por dois pontos posicionados acima e abaixo da terceira linha do pentagrama. Também chamada de *barra de repetição*, ela indica que o trecho musical deve ser repetido. Há, ainda, a barra dupla final, formada por uma barra simples e por outra mais grossa, utilizada para sinalizar o final de uma obra. Por fim, a barra auxiliar é composta por uma linha pontilhada que serve para ajudar no entendimento da divisão dos ritmos no compasso.

Em alguns casos da notação musical, as barras de compasso podem desenhar linhas maiores, que atravessam duas ou mais pautas. Elas ocorrem quando um instrumento utiliza mais de um pentagrama. Elas também servem para sinalizar os compassos de um grupo de instrumentos de uma mesma família.

Observe, no exemplo da Figura 3.8, uma partitura para órgão do compositor Johann Sebastian Bach (1685-1750). O trecho musical, executado por um único instrumentista, contém três pentagramas: os superiores são para as mãos, ao passo que o inferior deve ser executado com os pés, em um teclado chamado de *pedaleira*. Por se tratar de um único instrumento, as barras de compasso cruzam as três pautas conjuntamente.

Figura 3.8 – Barras de compasso em uma partitura escrita para órgão

Fonte: Elaborado com base em Bach, 1917, p. 1.

Há outro agente da métrica musical também muito importante, com papel fundamental na escrita dos ritmos, chamado de *ligadura de prolongamento* (não confunda com *legato* ou *ligadura de expressão*, assunto que será estudado mais adiante).

A ligadura de prolongamento ocorre em notas de mesma altura, nas quais o segundo som não deve ser articulado, sendo utilizada, geralmente, em dois casos particulares: (1) quando não é possível empregar o ponto de aumento, pois a figura seguinte à qual a nota se conecta é menor que sua metade ou tem um valor maior; (2) quando há prolongamentos de notas entre barras de compasso.

Na Figura 3.9, os dois primeiros grupos de notas demonstram sons que precisam ser prolongados por um tempo menor que sua metade – mínima + colcheia / semínima + semifusa. Logo após, aparecem dois casos em que a nota precisa ser prolongada por um valor maior que o da primeira figura – semicolcheia + semínima / colcheia + mínima. Ambos os casos não permitem que o ponto de aumento atue – lembrando que a ligadura de prolongamento sempre ocorre em notas de mesma altura.

Figura 3.9 – Notas ligadas quando o ponto de aumento não pode ser empregado

Observe, na Figura 3.10, dois casos em que a ligadura de prolongamento está sendo empregada, pois a duração da primeira nota transpõe a duração dos compassos. No primeiro exemplo, a nota Dó é articulada e prolongada em seguida por mais dois compassos. No segundo exemplo, a nota Mi poderia utilizar um ponto de aumento, pois em seu total existem três colcheias. Porém, como o compasso se finda, torna-se necessário utilizar a ligadura de prolongamento.

Figura 3.10 – Casos de ligaduras que transgridem barras de compasso

Em pausas, apesar de o recurso do ponto de aumento ser usado com frequência, o de ligadura não deve ser empregado.

Um último aspecto bastante importante relacionado à métrica se refere ao alinhamento horizontal das notas. Todos os sons que fazem parte de uma partitura devem estar alinhados verticalmente, de cima para baixo, na medida em que a música caminha da esquerda para a direita. A partitura da Figura 3.11 (o mesmo trecho da música de órgão de Bach, apresentada anteriormente) contém linhas pontilhadas que demarcam o alinhamento rítmico das notas, o que facilita a leitura da música como um todo.

Figura 3.11 – Alinhamento vertical rítmico

Fonte: Elaborado com base em Bach, 1917, p. 7.

3.3 Fórmulas de compasso: compasso simples e composto

As figuras rítmicas da notação musical não têm em si uma duração absoluta. Para que um som possa perdurar em determinada obra por certo tempo, é necessário que a partitura apresente mais informações do que simplesmente o formato da nota, suas hastes e colchetes. Assim como as claves oferecem uma "chave" para que as demais alturas de notas sejam identificadas, na métrica musical, as figuras de referência rítmica são dadas pela *fórmula de compasso (FC)*.

Essa fórmula tem a função de estabelecer uma das figuras rítmicas como referência de tempo e informar quantas batidas de tempo compõem um compasso. Tal informação é fornecida por meio da uma fração numérica – o denominador seleciona a figura que será a referência de tempo, ao passo que o numerador indica quantas dessas figuras preenchem um compasso. Tomando a semibreve como unidade (1), a mínima representa a metade (1/2), a semínima, a quarta parte (1/4), a colcheia, a oitava parte (1/8), a semicolcheia, a décima sexta parte (1/16), e a fusa, a trigésima segunda parte (1/32).

Os números que representam as figuras e que ocupam o denominador da FC estão apresentados no Quadro 3.3.

Quadro 3.3 – Figuras e seus números correspondentes

	Semibreve	Mínima	Semínima	Colcheia	Semicolcheia	Fusa
Figuras	𝅝	𝅗𝅥	♩	♪	𝅘𝅥𝅯	𝅘𝅥𝅰
Números	1	2	4	8	16	32

O denominador fornece a figura de referência por meio de um número, que pode ser 1, 2, 4, 8, 16 ou 32. Uma vez que essa figura é selecionada, ela indica o valor relativo às batidas do tempo na música. O numerador, então, determina quantas batidas compõem um compasso, podendo ser de um até o número que o compositor considere necessário – apesar de, em geral, tal número se manter entre 1 e 12.

Consideremos um caso em que o compositor escolhe a figura da semínima para representar os tempos em sua obra. Para melhor emoldurar os ritmos, ele determina que cada compasso deve ter quatro semínimas, ou seja, quatro batidas de tempo. Então, a FC escolhida por ele é quatro por quatro (4/4).

Para esclarecer ainda mais o funcionamento da FC, existe uma maneira um pouco mais direta de grafá-la e que, por vezes, também é utilizada por compositores. Trata-se de substituir o número que ocupa o denominador pela figura rítmica. Essa é uma maneira pela qual o músico executante traduz a informação de forma mais imediata. Nos exemplos da Figura 3.12, a primeira fórmula determina que o compasso é constituído por duas semínimas, depois por quatro mínimas e, por fim, por três colcheias.

Figura 3.12 – Fórmulas de compasso constituídas por figura rítmica e número

A fração que indica a FC é expressa na escrita musical sem o traço que separa o numerador do denominador. A linha divisória é suprimida, principalmente, para clarificar a escrita da fração

sobre o pentagrama. O posicionamento padrão da FC é no início da música, imediatamente após a clave ou após a armadura de clave, caso haja uma. Assim, ela perdura até o fim da música ou até a métrica se alterar, quando, então, é colocada uma barra dupla sinalizando a mudança da fração. Quando essa mudança ocorre na passagem de um sistema para outro, uma fração indica a alteração ainda no sistema anterior. No pentagrama, os números da fórmula devem ocupar exatamente o espaço das cinco linhas.

Figura 3.13 – Uso correto da grafia das fórmulas de compasso

Existem dois tipos de FC: simples e compostas. Nas fórmulas de compasso simples, a figura que representa os tempos pode ser subdivida em duas partes menores. Assim, correspondem às figuras não pontuadas, como uma semínima, que pode ser dividida em duas colcheias. Já nas fórmulas de compasso compostas, a figura que representa a unidade de tempo pode ser subdividida em três partes, correspondendo às figuras pontuadas, como a colcheia pontuada, que pode ser dividida em três semicolcheias. Os compassos compostos podem, ainda, apresentar-se como irregulares, os quais envolvem números como 5 e 7.

Portanto, há:

- **compassos simples**: divisão binária dos tempos;
- **compassos compostos e irregulares**: divisão ternária ou irregular dos tempos.

A seguir, detalharemos esses dois grupos de compasso.

3.3.1 Compassos simples

Os compassos simples, de uso mais frequente, agrupam dois, três ou quatro tempos por compasso, e são classificados, respectivamente, como binários, ternários e quaternários. A semínima é a figura mais comumente tomada como unidade de tempo (UT), seguida da mínima. A unidade de compasso (UC) é dada pela figura que representa o compasso como um todo.

Sob essa ótica, apresentamos, no Quadro 3.4, as fórmulas de compasso simples mais comuns.

Quadro 3.4 – Fórmulas de compasso (FC) simples mais comuns

FC	UT	UC	N. de tempos	Classificação do compasso
$\frac{2}{4}$	♩	♪	2	binário
$\frac{3}{4}$	♩	♩.	3	ternário
$\frac{4}{4}$	♩	𝅝	4	quaternário
$\frac{2}{2}$	♩	𝅝	2	binário

Existem outras maneiras de representar o compasso quaternário de quatro por quatro e o binário de dois por dois. Baseada em tradições que remontam às práticas da notação musical da Idade Média, a fórmula de quatro por quatro também pode ser notada com um símbolo que lembra a letra C; ao passo que a fórmula de dois por dois pode ser demonstrada por um C cortado (Figura 3.14). Este último também é comumente chamado de *alla breve*, que, quando assim referido pelo compositor, costuma apresentar um tempo mais acelerado (Michels, 2003). Devemos esclarecer que esse símbolo, na verdade, é em sua origem um semicírculo, já que antigamente o compasso ternário, de número equivalente à trindade – e por isso considerado perfeito –, era simbolizado por um círculo completo.

Figura 3.14 – Compassos de C e C cortado

$$\frac{4}{4} = C$$

$$\frac{2}{2} = ¢ = alla\ breve$$

Audição livre

Ouça o terceiro movimento do Concerto para Piano n. 3, de Rachmaninoff, composição que se inicia em *alla breve*. Há diversas interpretações de variados músicos na internet, mas deixamos aqui uma sugestão:

RACHMANINOFF | Pianoconcerto no. 3 | 3rd movement (Finale: Alla breve) | Simon Trpčeski. 2016 (15 min. 16 s). Disponível em: <https://www.youtube.com/watch?v=n5ZsniUrCqs>. Acesso em 15 set. 2020.

Caso a unidade de tempo seja divisível por dois, o compasso será sempre considerado simples. No entanto, diversas outras fórmulas são utilizadas na música mais recente do século XX bem como na música contemporânea. Em alguns casos, as fórmulas podem conter a mesma figura como unidade de compasso, mesmo que na fração apresentem números diferentes. É o caso dos compassos de 1/4, 2/8 e 4/16, todos tendo a semínima como unidade de compasso. Observe, no Quadro 3.5, outras possibilidades de fórmulas de compasso simples.

Quadro 3.5 – Outras fórmulas de compasso simples

FC	UT	UC	N. de tempos	Classifição do compasso
3/2	𝅗𝅥	𝅝.	3	ternário
4/2	𝅗𝅥	▯	4	quaternário
1/4	♩	♩	1	unário
1/8	♪	♪	1	unário
2/8	♪	♩	2	binário
3/8	♪	♩.	3	ternário
4/8	♪	𝅗𝅥	4	quaternário
2/16	𝅘𝅥𝅯	♪	2	binário
3/16	𝅘𝅥𝅯	♪.	3	ternário
4/16	𝅘𝅥𝅯	♩	4	quaternário

Há, ainda, outras fórmulas de compasso possíveis além dessas apresentadas no Quadro 3.5; porém, são utilizadas com menos frequência.

Elaborando um pouco mais o conceito da métrica e das fórmulas de compasso, tomemos como exemplo um compasso de três por quatro e apliquemos algumas possibilidades rítmicas. Na Figura 3.15, os compassos primeiramente são preenchidos com o uso de uma mesma figura, evidenciando as subdivisões. Em seguida, eles demonstram permutações rítmicas, pausas, figuras pontuadas e ligaduras de prolongamento. Observe como, por vezes, uma nota é maior que um tempo ou, até mesmo, que um compasso. Para facilitar a leitura e o entendimento, no decorrer da pauta, os números de um a três apontam os tempos de cada compasso. Por se tratar de um compasso simples, significa que cada unidade de tempo tem um valor divisível por dois. Essa subdivisão dos tempos está indicada por um sinal de + em pontos de maior densidade rítmica. Pretendemos, com esse exemplo, mostrar a organização dos sons nos compassos, como cada nota tem seu devido lugar com relação ao ritmo da notação musical.

Figura 3.15 – Exemplo de notação rítmica em compasso três por quatro

3.3.2 Compassos compostos

Se nos compassos simples a subdivisão das unidades de tempo é binária, nos compassos compostos ela é ternária, ou seja, é representada por uma figura pontuada. A esse respeito, observe na Figura 3.16 a representação imagética das divisões binária e ternária.

Figura 3.16 – Divisões binária e ternária

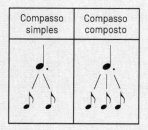

Os compassos compostos também apresentam fórmulas de compasso que são utilizadas com mais constância – em geral, fórmulas correspondentes às utilizadas com mais frequência nos compassos simples, porém, com os tempos subdivididos em três partes. Para transformar um compasso simples em composto, basta multiplicar seu numerador por três e seu denominador por dois. Na adaptação dos simples para os compostos, os números representados nas frações dos compassos compostos passam a refletir aspectos um pouco diferenciados. Eles traduzem a quantidade total de subdivisões dos compassos, cabendo ao agrupamento das notas o papel de demonstrar a UT.

Para exemplificar, tomemos como exemplo o compasso simples de dois por quatro para transformá-lo em seu correspondente composto (Figura 3.17). Primeiramente, multiplicamos seu numerador por três e seu denominador por dois. O resultado é a fração de seis por oito (6/8). Essa FC indica o total de subdivisões, ou seja, seis colcheias por compasso. Agrupando-se as seis colcheias de três em três, formam-se dois grupos com três colcheias cada. Somando a quantidade de notas de cada grupo, descobrimos a unidade de tempo: a semínima pontuada.

Figura 3.17 – Transformação de um compasso binário simples em composto

A seguir, no Quadro 3.6, observe os compassos compostos de classificação binária, ternária e quaternária mais comuns, que são correspondentes aos compassos simples. Repare que a UC da fórmula de nove por oito é representada por duas figuras diferentes ligadas – uma mínima pontuada prolongada por uma semínima pontuada. Isso acontece em casos em que é impossível encontrar uma figura capaz de representar isoladamente o valor do compasso.

Quadro 3.6 – Fórmulas de compasso compostos mais comuns

FC	UT	UC	N. de tempos	Classificação
$\frac{6}{8}$	♩.	♩.	2	binário
$\frac{9}{8}$	♩.	♩.♩.	3	ternário
$\frac{12}{8}$	♩.	○.	4	quaternário
$\frac{6}{4}$	♩.	○.	2	binário

No Quadro 3.7, estão expostos os compassos simples ao lado de seus correspondentes compostos. As fórmulas compostas são grafadas primeiramente da maneira comum, utilizando apenas números em sua fração. Uma segunda maneira está exposta na terceira coluna, onde o numerador mostra o número de batidas por compasso, ao passo que o denominador apresenta diretamente a figura tomada como UT. Trata-se de uma escrita alternativa para os compassos compostos correspondentes.

Quadro 3.7 – Fórmulas de compasso simples e seus correspondentes compostos

FC simples	Correspondente composto	Notação alternativa
$\frac{2}{4}$	$\frac{6}{8}$	$\frac{2}{\text{♩.}}$
$\frac{3}{4}$	$\frac{9}{8}$	$\frac{3}{\text{♩.}}$
$\frac{4}{4}$	$\frac{12}{8}$	$\frac{4}{\text{♩.}}$
$\frac{2}{2}$	$\frac{6}{4}$	$\frac{2}{\text{♩.}}$

Em música, os compassos irregulares mais comuns são aqueles que utilizam numeradores 5 e 7, como cinco por oito, cinco por quatro, sete por oito ou sete por quatro. Por serem maiores que a classificação quaternária, muitas vezes eles são divididos em duas ou mais partes menores. Tal subdivisão em fragmentos dos compassos irregulares pode gerar o que é chamado de *compassos alternados*.

Para uma melhor leitura da partitura pelo intérprete, os compassos alternados podem conter barras auxiliares empregadas entre fragmentos de compasso. A esse respeito, observe, na Figura 3.18, dois tipos de fragmentação de um compasso de cinco por quatro, no qual se utiliza a barra auxiliar pontilhada.

Figura 3.18 – Compasso quinário

3.4 Pulsação, apoio e ritmo

A pulsação, o apoio e o ritmo são três características similares, porém distintas, que trabalham em conjunto na música. Esses três importantes aspectos da rítmica musical estão fortemente relacionados. Por essa razão, uma alteração em qualquer um deles gera mudanças nos demais. Vale, então, detalharmos a função de cada um e de que forma eles estão conectados.

3.4.1 Pulsação

Toda música tem certa velocidade, ou seja, caminha em determinada cadência no tempo. O agente responsável por definir se os sons acontecem de forma rápida ou lenta é a **pulsação**. Depois de termos exposto o funcionamento dos compassos, podemos mais facilmente identificar o aspecto métrico que está relacionado com a pulsação. Assim como o nome revela, a UT do compasso determina o tempo da música, ou seja, as batidas periódicas que regem sua velocidade.

Todavia, antes mesmo de o compositor pensar na métrica da obra, geralmente, ele pensa em um elemento ainda maior da música. Ele sente qual é o andar rítmico dos sons e, com base nele, delimita o que é chamado de *andamento*. Em termos mais técnicos, o andamento mede a frequência das batidas do tempo, determinando se elas acontecem lentamente ou de maneira mais acelerada. A definição do andamento está quase sempre relacionada ao caráter da música, ao seu temperamento – por isso, vai além de uma simples definição de velocidade.

Portanto, o andamento está refletido na UT do compasso, que, por consequência, estabelece a pulsação musical. Não à toa, essa é a ordem pela qual um executante identifica na partitura as informações sobre o tempo da obra. Na parte superior da pauta, encontra-se o andamento (1), seguido, no início da pauta, pela FC (2); finalmente, no fluir das notas, ele é guiado pela pulsação (3).

Figura 3.19 – Andamento, unidade de tempo e pulsação

Os compositores costumam indicar o andamento de uma obra utilizando dois tipos de recursos. O primeiro consiste em fazer uso de palavras que exaltam uma ideia relacionada ao caráter ou à atmosfera emocional da obra. Essa é a maneira mais tradicional, mas menos precisa de determinar o andamento. Tais termos, geralmente provenientes da língua italiana, são divididos em três tipos de velocidades: lenta, moderada e rápida. Alguns podem aparecer no grau diminutivo ou superlativo, amenizando ou exagerando a velocidade original, a depender do caso. O diminutivo torna o tempo um pouco mais ligeiro nos andamentos lentos e moderados, e um pouco mais devagar nos andamentos rápidos. O superlativo acentua o efeito, deixando os lentos mais vagarosos, e os rápidos, mais acelerados.

Quadro 3.8 – Andamentos musicais

Velocidade	Andamento	Diminutivo	Superlativo
Lento	Grave		Gravissimo
	Lento		Lentissimo
	Largo	Larghetto	
	Adagio	Adagietto	
Moderado	Andante	Andantino	
	Moderato		
	Animato		
Rápido	Allegro	Allegretto	
	Vivace		Vivacissimo
	Vivo		
	Presto		Prestissimo

A segunda forma utilizada pelos compositores para indicar o andamento começou a ser empregada por Ludwig Van Beethoven e se refere ao uso de um aparelho que mede as batidas do tempo por minuto: o metrônomo. Apesar de já existirem aparelhos

Ludwig Van Beethoven

similares no início do século XVIII, como o cronômetro de Loulié, foi o metrônomo patenteado por Johann Nepomuk Maelzel (1772-1838) o aparelho pelo qual Beethoven tanto se interessou, a ponto de utilizar suas medições de tempo para definir os andamentos nas partituras de suas músicas (Sadie, 1994). Essa, diga-se, é a razão pela qual são grafadas as iniciais M. M. antes da indicação do andamento, a fim de deixar claro que diz respeito aos números contidos no metrônomo de Maelzel (Figura 3.20). Nesse dispositivo, as velocidades variam entre 40 e 208 batidas por minuto (bpm), em uma escala na qual o número 60 corresponde aos segundos do relógio.

Figura 3.20 – Metrônomo

Na partitura, a indicação do metrônomo é demonstrada com uma figura rítmica igualada a uma velocidade que consta no aparelho. Essa figura, normalmente, refere-se à UT do compasso, que gera os pulsos da música. Dessa forma, uma velocidade absoluta é definida, sendo que a música pode ter uma duração total exata preestabelecida.

Ao conciliarem tradição e rigor, alguns compositores são bem rígidos na indicação do andamento, concedendo o nome italiano do tempo – a fim de que o intérprete se familiarize com o caráter da música – e também a indicação metronômica, para que o tempo seja matematicamente preciso. Outros autores, apesar de utilizarem os tempos do metrônomo, preferem deixar um pouco mais livre a escolha da velocidade, adicionando a palavra *aproximadamente*.

Figura 3.21 – Exemplo de indicação de tempo de uma obra

Allegro ♩= 126 (aproximadamente)

3.4.2 Apoio e ritmo

A segunda característica rítmica que detalharemos é o apoio, que está diretamente associado à pulsação, pois trata-se do agrupamento das batidas dos compassos. O apoio diz respeito a variações de intensidade dos sons, dependendo de onde eles estão localizados no compasso. Essas diferenças entre sons fortes e fracos interferem no entendimento rítmico da música. Elas permitem identificar auditivamente quando um compasso é, por exemplo, binário, ternário ou quaternário, sendo ele simples ou composto.

Sob essa ótica, o conceito de apoio é definido em muitos livros de teoria da música como *acento métrico*. De acordo com a métrica de cada compasso, os tempos ganham intensidades distintas. Conforme esse conceito, o primeiro tempo sempre tem o maior volume, sendo que o restante atua em segundo plano.

Na prática, a nota que recai sobre os tempos com maior peso é executada com mais intensidade, e a que se envolve com os tempos de menor peso é realizada com menos intensidade. Essa regra do apoio é constantemente quebrada por compositores, que usam a criatividade para gerar as mais diversas nuances rítmicas, criando contraste e movimento na música.

No Quadro 3.9 está demonstrada a regra do acento métrico aplicada aos compassos de uso mais frequente. Na classificação quaternária, o terceiro tempo é considerado, por alguns teóricos (por exemplo, Bohumil Med), meio forte, e por outros (por exemplo, Maria Luiza Priolli), como um tempo fraco.

Quadro 3.9 – Hierarquia dos tempos dentro do compasso

	Tempos do compasso			
	1	2	3	4
	Apoio ou acento métrico			
Binário	Forte	fraco	–	–
Ternário	Forte	fraco	fraco	–
Quaternário	Forte	fraco	fraco ou meio Forte	fraco

A regra do apoio nas pulsações acontece tanto no macrocosmo rítmico quanto no microcosmo. As diferenças de acentuação nos tempos do compasso também ocorrem nas subdivisões rítmicas: em semínimas, colcheias, semicolcheias, fusas etc. Cada vez que uma nota é dividida em dois sons, o primeiro predomina sobre o segundo, e assim a regra segue o mesmo padrão dos acentos métricos dos compassos, a qual corresponde à subdivisão de três notas (Forte, fraco e fraco) ou à subdivisão de quatro notas (Forte, fraco, fraco ou meio Forte, fraco). Assim como cada cabeça de compasso marca um ponto de saliência, cada início de tempo também deve ter seu devido destaque.

Figura 3.22 – Apoio rítmico de tempos e subdivisões

No exemplo de um compasso doze por oito (Figura 3.22), pode-se visualizar os acentos métricos evidenciados nos tempos e nas subdivisões rítmicas de cada tempo. Compondo o macrocosmo do compasso, ou seja, as quatro pulsações, existem as indicações com letras F para *forte* e f para *fraco* (sendo que o terceiro tempo também pode ser considerado *meio Forte*). No microcosmo, ou seja, no nível das subdivisões rítmicas, há três tamanhos distintos de cabeça de nota, representando as variações de intensidade das notas: normal para as notas que incidem sobre as pulsações, pequena (fraco) para a subdivisão de colcheia e miniatura (bastante fraco) para as semicolcheias.

 Resumo da ópera

O ritmo, por fluir de maneira natural na música, é um elemento aparentemente muito simples. Contudo, como demonstramos ao longo deste capítulo, sua escrita guarda certa complexidade, demandando anos de estudo e prática para que uma pessoa tenha bom domínio sobre seu funcionamento.

Nessa ótica, abordamos vários aspectos introdutórios sobre a notação e a linguagem do ritmo. Assim, apresentamos as figuras e seus valores, bem como as fórmulas de compassos e os andamentos.

Primeiramente, assinalamos a importância de estar atento tanto ao som quanto ao silêncio, uma vez que cada figura representante de um som tem um equivalente em pausa, tendo ambos a mesma relevância. Depois, averiguamos que a métrica diz respeito à parte da notação musical que estuda como os ritmos podem ser emoldurados, por meio das fórmulas de compasso simples ou compostos. Por fim, fizemos uma breve explanação sobre a pulsação, que tem o andamento como principal elemento definidor, e sobre o apoio, também chamado de *acento métrico*.

 Teste de som

1. As figuras musicais, quando grafadas no pentagrama, podem conter a haste descendente ou ascendente. Segundo a regra geral, como se define quando a haste deve estar para cima ou para baixo?
   a) Depende da figura rítmica em questão.
   b) Depende da fórmula de compasso.
   c) A terceira linha da pauta é o ponto de referência que define se a haste deve ser grafada para cima ou para baixo.
   d) Por meio do direcionamento do contorno melódico.
   e) As notas são sempre grafadas com as hastes para cima.

2. Em uma partitura para coral com quatro vozes, as barras de compasso geralmente atravessam os dois pentagramas em uso. Por qual razão?

a) Porque a sonoridade coral ocupa tanto a tessitura aguda quanto a grave.

b) As barras de compasso não devem atravessar mais de um pentagrama.

c) Porque as vozes não fazem parte dos instrumentos da orquestra.

d) As barras de compasso devem sempre atravessar todas as pautas da partitura.

e) Porque as vozes compõem uma mesma família em termos de instrumentação.

3. Em um compasso simples, quantas semicolcheias cabem dentro de uma mínima?

a) Duas.

b) Quatro.

c) Oito.

d) Doze.

e) Dezesseis.

4. Quais são os andamentos mais lento e mais rápido demonstrados por palavras e pelo metrônomo de Maelzel, respectivamente?

a) *Lento e Allegro*, 60 e 120 bpm.

b) *Grave*, 200 bpm.

c) Impossível definir.

d) *Gravissimo e prestissimo*, 40 e 208 bpm.

e) *Andante e vivace*, 30 e 190 bpm.

5. Qual é a diferença entre os compassos simples e compostos?
   a) Nos compassos simples, a divisão das unidades de tempo é binária, ao passo que nos compostos é ternária.
   b) Os compassos compostos utilizam apenas figuras pontuadas, o que não acontece nos compassos simples.
   c) Os compassos simples utilizam a subdivisão em semicolcheia, já os compassos compostos a utilizam em colcheia.
   d) Os compassos compostos têm o denominador oito nas suas fórmulas de compasso.
   e) Os compassos simples não utilizam os números 5 e 7 como numeradores na fórmula de compasso.

 Treinando o repertório

Pensando na letra

1. O apoio, ou acento métrico, é sempre perceptível para o ouvinte? Um espectador que desconhece totalmente o conteúdo da partitura é capaz de perceber todos os pontos de saliência, tanto dos tempos quanto das subdivisões? Explique.

2. A pulsação, o apoio e o ritmo são aspectos complementares na linguagem e na notação musical. Até que ponto cada um desses conceitos se interinfluenciam? Os acentos métricos continuam com as mesmas diferenças de intensidade em andamentos lentos e rápidos? Imagine o compasso de dois por quatro com os tempos preenchidos com quatro notas – ou seja, em semicolcheias. As notas permaneceriam com o mesmo peso nos andamentos de 40 bpm e 200 bpm?

Som na caixa

1. Uma maneira prática de estudar as fórmulas de compasso é por meio da regência. Os gestos que um maestro executa enquanto dirige uma orquestra são, em essência, uma demonstração visual das pulsações dos compassos. Considerando o exposto, observe a frase musical rítmica a seguir (Figura A). Propositalmente, ela não contém uma fórmula de compasso. Assim, experimente, ao mesmo tempo, cantá-la e regê-la, em compassos simples binário, ternário e quaternário, e perceba como os deslocamentos de apoio mudam sua característica. Para reger um compasso binário, faça um gesto descendente com a mão direita no primeiro tempo, e um ascendente para o segundo tempo. No ternário, execute um gesto para baixo no primeiro tempo, para o lado de fora no segundo tempo e para cima no terceiro tempo. Por fim, no compasso quaternário, realize um gesto descendente no primeiro tempo, para o lado de dentro no segundo tempo, para fora no terceiro tempo e para cima no último (Figura B).

Figura A – Frase rítmica sem fórmula de compasso

Figura B – Gestos para a regência de compassos binário, ternário e quaternário simples

Capítulo 4

ESCALAS E INTERVALOS

Primeiras notas

Em música, os intervalos estão relacionados ao parâmetro da altura do som. Eles representam as relações entre dois sons e suas características, que respeitam o sistema musical predominante na música ocidental. Contudo, em outras culturas e civilizações, como a indiana, a chinesa ou a árabe, essas relações sonoras têm certas particularidades.

Sob essa ótica, neste capítulo, comentaremos os intervalos que apresentam as menores diferenças de altura, chamados de *tom* e *semitom*. Depois, explicaremos que, quando dispostos em determinada sequência, os intervalos formam as escalas musicais – parte fundamental da linguagem musical. Na sequência, abordaremos os intervalos de maior distância, bem como sua escrita e suas principais classificações. Para finalizar, apresentaremos os sons que soam harmoniosos entre si, os *consonantes*, e aqueles que parecem estar em desacordo, os *dissonantes*.

4.1 Tom e semitom

Predominantemente, a música ocidental utiliza um sistema musical chamado de *temperamento igual*, o qual tem a tonalidade como elemento central. Esse sistema corresponde à forma como os intervalos são concebidos. Nele, um tom se divide em nove partes – denominadas *comas* –, distantes entre si por uma ínfima diferença de altura. O sistema de temperamento igual caracteriza-se por dividir o tom em duas partes idênticas, cada uma com quatro comas e meia. A consequência disso é que notas que poderiam ser levemente distintas, em termos matemáticos e físicos, acabam por ter frequência exatamente igual (Priolli, 2013).

Quase todo ser humano, ao ouvir dois sons que tenham o intervalo de uma oitava (mais adiante, estudaremos em que consiste uma oitava) – por exemplo, o Dó central do piano e o Dó acima deste –, entendem que se trata da mesma sonoridade, porém, em registros distintos. Na música ocidental, uma oitava é dividida em 12 notas. A distância intervalar entre essas pequenas 12 partes da oitava é chamada de *semitom* ou *meio tom*. Joaquín Zamacois (2009, p. 35), em *Teoria da música*, assim define semitom: "A distância mínima aceite no sistema musical é denominada *meio-tom* (*semitom* no Brasil)".

Existem três tipos de semitons: (1) natural, (2) diatônico e (3) cromático.

1. **Semitom natural**: É aquele que se apresenta entre as notas naturais. Existem dois semitons naturais possíveis (Figura 4.1), os quais encontram-se entre as notas Mi e Fá e entre Si e Dó. Entre o restante das notas naturais, os intervalos existentes são de um tom.

Figura 4.1 – Semitons naturais

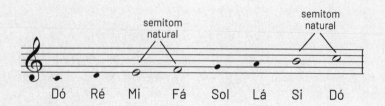

2. **Semitom diatônico**: Constitui-se de duas notas de nomes diferentes, ou seja, que ocupam lugares distintos no pentagrama – uma no meio da linha e outra no espaço (o semitom natural também pode ser classificado como semitom diatônico). Na Figura 4.2, estão notados semitons diatônicos ascendentes que utilizam as alterações de sustenido e bemol, e também os naturais entre Mi e Fá e entre Si e Dó. Perceba como todo intervalo contém duas notas de nome e posicionamento distintos.

Figura 4.2 – Semitons diatônicos

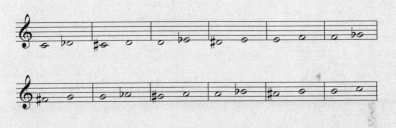

3. **Semitom cromático**: É formado por duas notas de mesmo nome, isto é, por sons que têm igual posicionamento na pauta – ambos no meio da linha ou no espaço. Na Figura 4.3, há vários exemplos de semitons cromáticos formados apenas pela nota Sol. No primeiro sistema, os semitons são ascendentes, e no segundo, descendentes.

Figura 4.3 – Semitons cromáticos

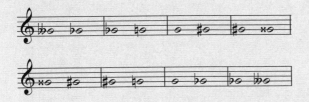

A soma dos intervalos de dois semitons gera um tom (Figura 4.4). Dentro de um tom, são encontrados um semitom cromático e um diatônico.

Figura 4.4 – Constituição de um tom

Nas próximas figuras, as palavras *tom* e *semitom* poderão aparecer abreviadas da seguinte maneira: Tom = T, semitom = st.

4.2 Estrutura das escalas maior e menor

As escalas são sequências específicas de alturas de notas, e fazem parte de um sistema musical atrelado a uma cultura de determinada região, país ou civilização. Com origem na palavra latina *scala* (escada), elas podem ser ascendentes ou descendentes e conter diferentes números de notas, normalmente de 5 a 12 (Med, 2017).

Formada por sete sons distintos, com distâncias de tons e semitons, a **escala diatônica** ou **natural** é a mais utilizada na música ocidental. Também conhecida como *escala heptatônica*, trata-se do elemento gerador dos sons que formam uma tonalidade, isso porque sua primeira nota torna-se um centro gravitacional, fixando um ponto ao qual as outras notas estão subordinadas. Essa nota inicial, na escala, é chamada de *tônica*. Vejamos, na Figura 4.5, a escala de Dó diatônica e seus intervalos.

Figura 4.5 – Escala de Dó diatônica

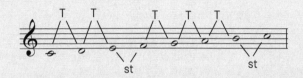

As notas da escala diatônica também podem ser designadas por seu grau, recebendo um nome de acordo com sua função. A tônica, por exemplo, é o primeiro grau, pois sua função é a mais importante, determinando o começo e o fim da escala. O quarto e quinto graus também importam e são denominados, respectivamente, de *subdominante* e *dominante*, pois formam centros de atração secundários. O Quadro 4.1 apresenta a nomenclatura dos graus da escala diatônica.

Quadro 4.1 – Os graus e seus nomes de acordo com sua função na escala

Grau	Função
I	**Tônica**
II	Supertônica
III	Mediante
IV	**Subdominante**
V	**Dominante**
VI	Superdominante
VII	Sensível ou subtônica

Os graus são dispostos na escala de maneira conjunta. Quando estão assim ordenados, de forma que a altura de cada um é imediatamente sucessiva à outra, são chamados de *graus conjuntos*. Essa é a razão pela qual o termo *diatônico* é utilizado para a escala, já que a palavra de origem grega significa "através de sucessão de sons"(Med, 2017, p. 84). Quando há uma ou mais notas entre duas alturas, diz-se que os graus são *disjuntos*.

Figura 4.6 – Exemplos de grau conjunto e disjunto

A escala diatônica é formada por cinco tons e dois semitons. Com essa quantidade de tons e semitons, ela pode constituir dois modos de configuração distintos, que, juntos, formam duas colunas estruturais da música ocidental: o modo maior e o modo menor.

O modo maior apresenta a organização dos graus conjuntos exatamente da mesma forma como consta na Figura 4.5: T, T, st, T, T, T, st. Nesse caso, a figura retrata a escala de Dó maior, pois começa e termina com a nota Dó, a tônica da escala. Se iniciarmos uma escala diatônica a partir do VI grau, o superdominante, encontraremos a escala de Lá menor natural (Figura 4.7), a qual também contém cinco tons e dois semitons, porém ordenados de maneira diferente: T, st, T, T, st, T, T.

A escala menor encontrada no VI grau da escala maior é chamada de *relativa*. É possível, também, a partir do processo inverso, encontrar a escala maior com base na escala menor. Para isso, basta iniciar uma nova escala a partir do III grau (mediante) da escala menor.

Figura 4.7 – Escala de Lá menor natural

A escala maior, formada por apenas notas naturais, reflete o ordenamento que nomeia as notas no sistema silábico, utilizado nos países de língua latina, começando, portanto, com a nota **Dó**. Já a escala de modo menor, também formada por somente notas naturais, reflete o ordenamento seguido pela nomenclatura alfabética, usada em países anglo-saxônicos, em que a nota **Lá** (A) inicia a sequência de notas.

Toda escala maior tem sua relativa menor. Ambas são similares no sentido de que utilizam cinco tons e dois semitons bem como o mesmo grupo de notas. No caso de Dó maior e Lá menor, esse grupo de notas é formado por somente sons naturais, sem alterações. Para ilustrar, consideremos que uma escala maior apresente uma nota sustenida; por consequência, sua relativa menor também fará uso da mesma alteração.

Em alto e bom som

Como encontrar uma escala maior que utiliza outro grupo de notas?

Basta repetir o modelo de sequência de tons e semitons com base na nota com a qual se pretende formar a nova escala. A única escala maior que não utiliza alterações é a de Dó. Isso significa que, quando escalas maiores são constituídas por outra nota, alterações de sustenido ou bemol são inseridas. Uma vez que a escala maior é concebida, sua relativa menor encontra-se a partir do VI grau.

Utilizemos o mesmo modelo de tons e semitons da escala maior de Dó para aplicá-lo na nota Mi e, assim, descobrir quais notas compõem a escala de Mi maior.

Figura 4.8 – Formação da escala de Mi maior

Perceba, na Figura 4.8., como a nota diatônica na sequência do Mi seria um Fá. A distância entre Mi e Fá é a de um semitom, porém, no modelo da escala maior, essa distância deve ser de um tom. Então, é preciso elevar a nota em Fá em um semitom, por meio do sustenido, respeitando o intervalo correto da escala maior entre os graus I e II. E assim as alterações vão sendo feitas no decorrer da escala, a fim de que o ordenamento seja obedecido.

Com as alterações já postadas na armadura de clave, observe, na Figura 4.9, as tonalidades maior e menor, mais comuns, que utilizam alterações sustenidas em sua constituição de notas. Do lado esquerdo, está a escala de modo maior; do lado direito, sua relativa menor.

Figura 4.9 – Escalas maiores e relativas menores sustenizadas

Em determinadas situações, o músico, diante de uma partitura, pode, por alguma razão, precisar averiguar a tonalidade da obra. Essa informação pode ser obtida com base somente na armadura de clave. Esse processo consiste em observar qual nota equivale ao último sustenido presente na armadura. Essa nota é sempre o VII grau da escala maior. Caso a tonalidade esteja em modo menor, encontra-se a relativa menor pelo VI grau da escala maior.

Tomemos como exemplo a armadura de clave com dois sustenidos. O último sustenido é o Dó. Sendo assim, o Dó sustenido é o VII grau da escala de Ré maior. Portanto, a tonalidade, se for maior, será a de Ré. No VI grau, encontra-se a relativa menor de Ré (Figura 4.10). Logo, se for menor, a armadura de clave com dois sustenidos se referirá à tonalidade de Si menor.

Figura 4.10 – Tonalidade de Ré maior com base na armadura de clave

Agora, convém elucidarmos o que acontece ao se aplicar o modelo de tons e semitons da escala maior com base na nota Fá.

Figura 4.11 – Formação da escala de Fá maior

No IV grau, a nota precisou ser baixada em um semitom, para seguir devidamente o modelo.

Agora, acompanhe, na Figura 4.12, as escalas maiores e menores mais comuns com alterações de bemol.

Figura 4.12 – Escalas maiores e relativas menores mais comuns com armadura de bemol

O processo para averiguar a tonalidade maior pela armadura de clave com bemóis também é muito simples, embora seja bem diferente do processo que envolve os sustenidos. Consiste em identificar a nota correspondente ao penúltimo bemol presente na armadura. Tal nota diz respeito à tonalidade maior da armadura. Para exemplificar, em uma armadura com quatro bemóis (Si, Mi, Lá e Ré), o penúltimo bemol é Lá; consequentemente, a tonalidade maior é Lá bemol maior. Já com relação à armadura que contém somente um bemol (no caso, Si bemol), é preciso memorizar que corresponde à armadura da tonalidade de Fá maior.

A ordem dos sustenidos na armadura de clave é a seguinte: Fá, Dó, Sol, Ré, Lá, Mi e Si. Já a dos bemóis, é o espelhamento dos sustenidos, ou seja, a ordem contrária: Si, Mi, Lá, Ré, Sol, Dó e Fá.

A escala menor apresenta também mais duas formas: (1) a escala menor harmônica e a (2) escala menor melódica. A diferença entre a escala menor natural e a harmônica encontra-se no VII grau. A menor natural contém um tom de distância entre os graus VII e VIII, por isso, este último é chamado de *subtônica*. Na menor harmônica, o grau VII é elevado em um semitom, passando a ser denominado *sensível*. Já na menor melódica, sua forma ascendente difere da descendente: quando caminha para cima, os graus VI e VII são elevados em um semitom; quando suas notas caminham para baixo, esses mesmos graus retomam seu estado natural.

4.3 Intervalos

Até este momento, estudamos a relação de notas com as menores diferenças de alturas utilizadas na cultura ocidental: o semitom (ou meio tom) e o tom. São esses os espaços diatônicos, ou de grau conjunto, que formam as escalas musicais dos modos maior e menor. Mas o que acontece quando duas notas abrem uma distância maior que um tom? Essa questão enseja um grande segmento do estudo da teoria musical: os **intervalos**.

Divisão da linguagem e da notação musical que estuda as diferenças de altura entre duas notas, os intervalos têm diversas características e possibilidades de permutações, compreendendo uma importante seção do fazer musical tanto prático quanto teórico. Nessa perspectiva, apresentaremos suas várias maneiras de classificação, bem como as regras para sua correta escrita na partitura.

A primeira forma de classificação dos intervalos diz respeito à maneira como os dois sons acontecem no tempo, se simultaneamente ou sucessivamente. Quando ocorrem ao mesmo tempo, são caracterizados como *harmônicos*, ou seja, formam uma harmonia, característica vertical da música. Já quando são produzidos um depois do outro, são *melódicos*, já que é dessa forma que as melodias ocorrem, compondo uma linha horizontal.

Aprofundemos um pouco a compreensão desses intervalos.

- **Intervalos harmônicos**: Ocorrem quando a sonoridade de duas notas acontece concomitantemente. Mesmo que o ataque dos sons não seja feito em conjunto, enquanto coexistirem no tempo, a relação das notas será harmônica. A Figura 4.13 demonstra alguns exemplos de intervalos harmônicos.

Figura 4.13 – Exemplos de intervalos harmônicos

Na figura, observe que há três exemplos de intervalos harmônicos. No primeiro, trata-se de uma simples demonstração de sons simultâneos. No segundo trecho, há uma frase musical com intervalos harmônicos que acontecem em duas vozes distintas e, também, utilizando figuras de duração diferentes. Nesse caso, perceba como as hastes da voz superior estão voltadas para cima, e as da voz inferior, para baixo, já que ambas executam frases independentes. Por fim, no terceiro exemplo, os intervalos compartilham as mesmas hastes, por se tratar de um mesmo desenho musical ou de um mesmo instrumento. Todas as notas coincidentes no tempo devem estar verticalmente alinhadas (exceto no caso que será mostrado na Figura 4.14).

Figura 4.14 – Intervalos harmônicos de distâncias pequenas

Os exemplos da Figura 4.14 retratam intervalos harmônicos de igual ou pequena diferença de altura. No primeiro caso, as notas simbolizam um mesmo som, o que na música é conhecido como *uníssono*. Nesse caso, a grafia da nota é feita uma ao lado da outra. Quando um mesmo som é interpretado por vozes ou instrumentos diferentes, pode apresentar hastes de direções distintas ou duas cabeças de notas, como no segundo exemplo. Já no terceiro caso, o intervalo é de um tom, não permitindo que as notas em coluna coincidam na grafia – portanto, trata-se, também, de uma excessão à regra.

- **Intervalos melódicos**: Ocorrem quando dois sons são executados em sequência, assim como quando são cantadas duas notas distintas. Dividem-se em dois tipos: ascendentes e descendentes (Figura 4.15). Quando a primeira nota é mais grave que a segunda, tem-se um intervalo ascendente, e, quando é mais aguda, descendente.

Figura 4.15 – Intervalos melódicos ascendentes e descendentes

Se considerados isoladamente, os intervalos harmônicos não são passíveis de serem caracterizados como ascendentes ou descendentes.

4.4 Tipos de intervalos

Os intervalos musicais recebem dois tipos de classificação: (1) numérica e (2) qualitativa. A primeira dá nome ao intervalo de acordo com a distância diatônica dos sons, tendo por base a disposição das notas na escala. Essa classificação é feita com o uso de números ordinais. Já a segunda define o intervalo com mais precisão, medindo especificamente a distância dos sons, ao realizar a contagem da quantidade de semitons existentes entre eles. Nessa classificação, utiliza-se um adjetivo na definição do intervalo.

Para exemplificar, utilizemos a nota Dó. A Figura 4.16 apresenta a classificação numérica dos intervalos de acordo com a disposição da forma harmônica e das formas melódica ascendente e melódica descendente. Os números ordinais são lidos da seguinte forma: segunda (2ª), terça (3ª), quarta (4ª), quinta (5ª), sexta (6ª), sétima (7ª) e oitava (8ª).

Figura 4.16 – Classificação numérica dos intervalos

Levando em consideração os sons inicial e final, a classificação numérica abrange a quantidade de notas diatônicas que compõem o intervalo. A contagem deve ser realizada sem envolver alterações ou, mesmo, a clave em vigor. Dessa forma, simplesmente computa-se quantas notas permeiam as linhas e os espaços entre os sons das extremidades. As notas inicial e final também devem ser contadas.

Nesse sentido, verifique, na Figura 4.17, quatro exemplos de contagem numérica, com notas em diferentes posições da pauta e com características ascendentes e descendentes. Os exemplos retratam, da esquerda para a direita, os intervalos de 8ª, 5ª, 3ª e 2ª.

Figura 4.17 – Contagem numérica dos intervalos

Os intervalos considerados *simples* compreendem até oito sons sucessivos, abrangendo uma oitava. Quando, porém, começam pelo intervalo de nona (9ª), os intervalos passam a ser considerados *compostos*.

Figura 4.18 – Intervalos compostos, de 9ª a 15ª

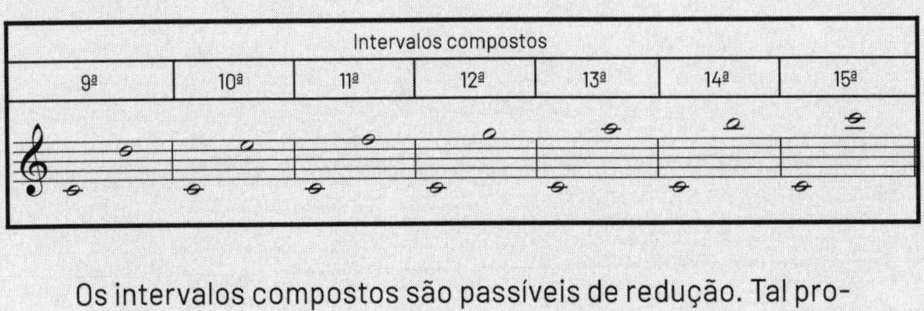

Intervalos compostos						
9ª	10ª	11ª	12ª	13ª	14ª	15ª

Os intervalos compostos são passíveis de redução. Tal processo consiste em diminuir a distância intervalar até o ponto em que as mesmas notas ocupem a posição igual ou menor que uma oitava. Dessa forma, obtém-se o intervalo simples correspondente, e mantendo a mesma característica sonora, já que a nota mais aguda do intervalo composto está apenas posicionada uma oitava acima (isso se aplica entre os intervalos de 9ª a 15ª). Para encontrar o correspondente simples do intervalo composto, basta posicionar a nota mais aguda uma oitava abaixo ou subtrair da cifra a diferença de sete.

Consideremos um exemplo com o intervalo composto de 10ª, a fim de reduzi-lo. Na Figura 4.19, esse intervalo é formado pelas notas Dó e Mi. Posicionando a nota Mi uma oitava abaixo, chega-se, então, ao intervalo de 3ª, que será o seu intervalo simples correspondente. Verificando o processo, ao se subtrair sete de dez, o resultado é o número três: ou seja, a 10ª torna-se uma 3ª.

Em termos qualitativos, as alterações (acidentes) e o posicionamento das notas perante às claves devem ser levados em consideração. Assim, cada semitom é contado para caracterizar os intervalos, e não somente a distância diatônica das notas. Na classificação numérica, uma nota baixada por um bemol não altera sua caracterização. Já na qualitativa, um bemol é fundamental na caracterização do intervalo.

A esse respeito, devemos, primeiramente, citar quais adjetivos fazem parte dessa classificação mais específica:

- Justos
- Maiores
- menores
- Aumentados
- diminutos

Observe que as palavras *Justos*, *Maiores* e *Aumentados* estão grafadas com letra inicial maiúscula, e os termos *menores* e *diminutos* foram escritos com letra inicial minúscula. Trata-se de uma maneira de indicar já na grafia da palavra o aspecto musical acrescido ou decrescido. Também é importante estabelecer essa diferenciação no uso abreviado das palavras, que se torna bastante útil na praticidade da escrita dos intervalos. Portanto, neste material, usaremos:

- J = Justo;
- M = Maior;
- m = menor;
- A = Aumentado;
- d = diminuto.

Para demonstrar a classificação qualitativa de cada intervalo, tomemos como referência a escala diatônica de Dó e observemos os intervalos que são formados entre a nota Dó e o restante das notas na escala.

Figura 4.19 – Escala diatônica de Dó e classificação de seus intervalos quanto ao número e à qualidade

Uníssono	Segunda Maior	Terça Maior	Quarta Justa	Quinta Justa	Sexta Maior	Sétima Maior	Oitava Justa
1ª J	2ª M	3ª M	4ª J	5ª J	6ª M	7ª M	8ª J

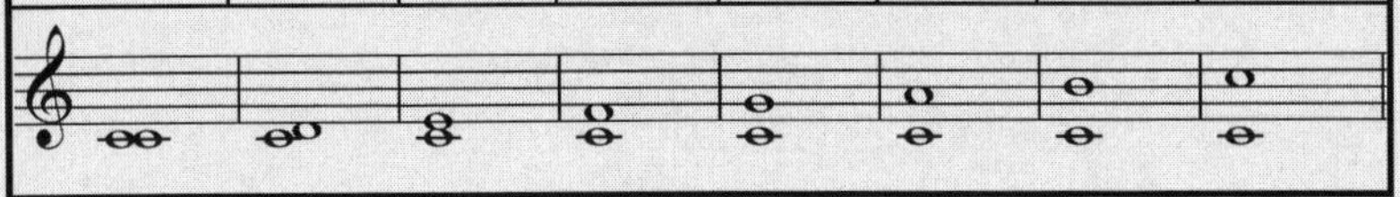

Com base nesse modelo, fica mais fácil compreender como os intervalos são classificados. Note que os intervalos Justos são os de 1ª, 4ª, 5ª e 8ª. A 1ª J (primeira Justa), não é classificada como intervalo por alguns autores, já que se trata do mesmo

som – uníssono. Fazendo uma relação com os graus da escala, a 1ª J e 8ª J (primeira e oitava Justas) são compostas pela tônica da escala; a 4ª J e 5ª J (quarta e quinta Justas) são formadas pela tônica e pelos graus subdominante e dominante da escala e têm em si uma importância funcional. O restante das notas da escala forma um intervalo Maior com o Dó. Os intervalos Maiores, portanto, são os de 2ª, 3ª, 6ª e 7ª.

Observe, na Figura 4.20, a quantidade de tons (T) e semitons (st) que compõe cada intervalo Justo e Maior.

Figura 4.20 – Quantidade de tons e semitons que formam os intervalos Justos e Maiores

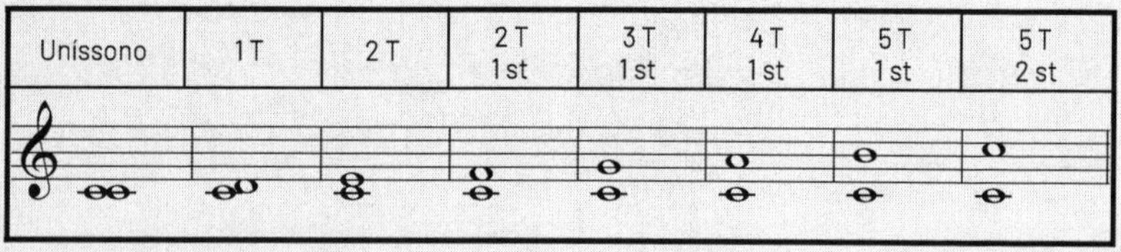

Uníssono	1 T	2 T	2 T 1st	3 T 1st	4 T 1st	5 T 1st	5 T 2 st

Na Figura 4.21, por sua vez, cada nota superior do intervalo é baixada em um semitom. Observe como a classificação é alterada.

Figura 4.21 – Intervalos baixados em um semitom

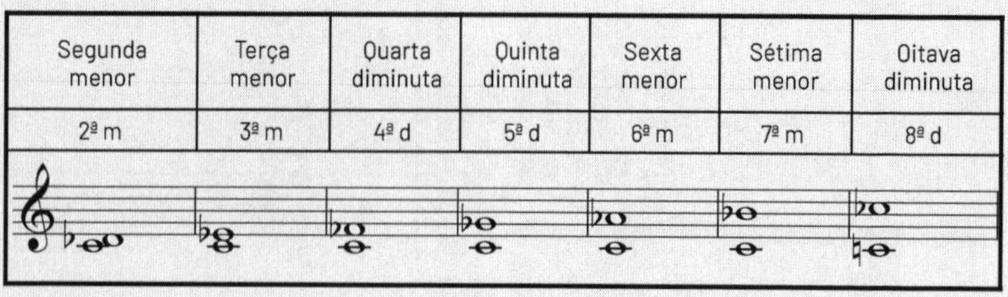

Segunda menor	Terça menor	Quarta diminuta	Quinta diminuta	Sexta menor	Sétima menor	Oitava diminuta
2ª m	3ª m	4ª d	5ª d	6ª m	7ª m	8ª d

Baixando um semitom, por meio da alteração do bemol, os intervalos Justos tornam-se diminutos, e os intervalos Maiores passam a ser menores. Aqui, o intervalo de 1ª não aparece, pois a 1ª diminuta não existe.

A seguir, na Figura 4.22, apresentamos a contagem dos tons e semitons que configuram esses intervalos menores e diminutos.

Figura 4.22 – Quantidade de tons e semitons que formam os intervalos diminutos e menores

1 st	1 T 1 st	2 T	2 T e 2 st ou 3 T	3 T 2 st	4 T 2 st	5 T 1 st

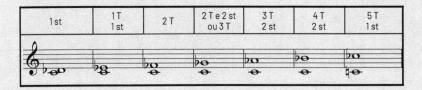

Agora, mostramos, na Figura 4.23, os intervalos de 1ª, 4ª, 5ª e 8ª com a alteração sustenido na nota mais aguda.

Figura 4.23 – Intervalos elevados em um semitom

Primeira Aumentada	Quarta Aumentada	Quinta Aumentada	Oitava Aumentada
1ª A	4ª A	5ª A	8ª A
1 st	2 T 2 st	2 T 2 st	5 T 3 st

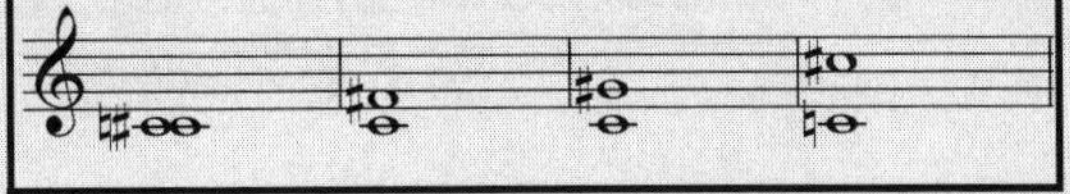

Até aqui, portanto, você pôde visualizar os intervalos mais comuns da música, sendo:

- 1ª, 4ª, 5ª e 8ª – Justos, diminutos e Aumentados.
- 2ª, 3ª, 6ª e 7ª – Maiores e menores.

Para classificar qualitativamente os intervalos, há dois métodos que podem ser usados isoladamente ou em conjunto, com o objetivo de se ter mais certeza quanto à classificação.

O primeiro método consiste em utilizar a escala maior como modelo e, com base nos intervalos nela contidos, realizar a classificação. Já o segundo, trata-se de averiguar a contagem dos tons e semitons.

A fim de aplicar o primeiro método, tomemos como exemplo o intervalo de Mi e Dó#, melódico e ascendente. Sendo Mi a nota mais grave, a escala de Mi maior servirá como modelo. Como consta na Figura 4.9, o Mi e o Dó# fazem parte dessa escala; sendo assim, o intervalo será de 6ª M (sexta Maior).

Apliquemos o mesmo método em um segundo exemplo, com o intervalo de Ré e Fá (natural), melódico e ascendente. Sendo a nota mais grave o Ré, o modelo de escala será o de Ré maior. Segundo o modelo da escala maior, o Fá é sustenido. O intervalo, portanto, é de 3ª m (terça menor), pois o Fá do intervalo é bequadro, baixando o sustenido em um semitom – portanto, menor.
A Figura 4.24 exemplifica os dois procedimentos recém-citados.

Figura 4.24 – Classificação dos intervalos seguindo a escala maior

Para verificar o segundo método, utilizemos como exemplo o intervalo de Dó# e Ré. Entre essas duas notas, existe apenas um semitom. Na Figura 4.21, o intervalo que condiz com essa contagem é o de 2ª m (segunda menor). Portanto, Dó# e Ré formam um intervalo de 2ª m.

Existem também os intervalos Aumentados e diminutos de 2ª, 3ª, 6ª e 7ª, os quais, porém, são mais raros. Eles ocorrem quando um intervalo maior é elevado em um semitom, tornando-se, então, Aumentado, ou quando um intervalo menor é baixado um semitom, passando a ser diminuto.

Os intervalos também têm a possibilidade de serem invertidos. A inversão é uma ferramenta bastante utilizada na música e guarda especificidades que comentaremos a seguir. A inversão de intervalos se dá quando a posição das notas é trocada – o som superior torna-se inferior ou vice-versa. Tanto intervalos harmônicos quanto melódicos podem ser invertidos.

A inversão é realizada movendo-se a nota superior uma oitava abaixo ou a nota inferior uma oitava acima. Ao serem invertidos, os intervalos podem sofrer alteração também em sua classificação. Com relação à classificação numérica, eles seguem o seguinte padrão:

- uníssono » 8ª / 8ª » uníssono;
- 2ª → 7ª / 7ª → 2ª
- 3ª → 6ª / 6ª → 3ª
- 4ª → 5ª / 5ª → 4ª

Observe, na Figura 4.25, essas inversões, nas quais a nota mais grave foi sempre transferida para uma oitava acima.

Figura 4.25 – Inversão de intervalos e mudanças na classificação numérica

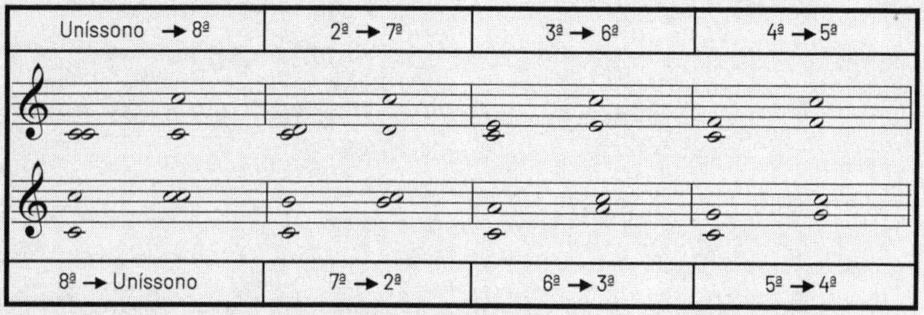

Uníssono → 8ª	2ª → 7ª	3ª → 6ª	4ª → 5ª
8ª → Uníssono	7ª → 2ª	6ª → 3ª	5ª → 4ª

No que toca à qualidade dos intervalos, quando invertidos, os Justos não alteram sua classificação; os Maiores tornam-se menores; e os diminutos passam a ser Aumentados.

4.5 Consonância e dissonância

Todos os intervalos que expusemos até aqui, quando formam harmonia – intervalos harmônicos – geram uma impressão ao ouvinte pela forma como soam em conjunto. A sonoridade combinada de duas notas distintas pode causar ou uma espécie de desconforto auditivo ou uma sensação agradável aos ouvidos. Existem muitas variações de escolas, épocas, estilos ou convenções que foram construídas no decorrer da história da música e que definem quais sons são ou não harmoniosos entre si.

Na Idade Média, havia uma grande restrição quanto aos intervalos mais aceitos para o fazer musical na Igreja. Já nos tempos atuais, o ruído, considerado por muito tempo como "não musical", seja rítmico ou de efeito, está presente em quase todos os estilos musicais. Isso significa que a consciência musical do mundo moderno é muito mais aberta, ao aceitar combinações das mais variadas harmonias e timbres.

No entanto, no que se refere aos intervalos, existe uma linha tradicional, enraizada no tonalismo, que estabelece a característica dos intervalos, quanto à sua resultante sonora, como *consonantes* e *dissonantes*. A seguir, detalhamos os dois grupos:

- **Consonantes**: São intervalos que geram sonoridade estável, de repouso.
- **Dissonantes**: São intervalos que geram tensão e movimento; pedem resolução em intervalos consonantes.

Resta saber: Como se explica o fato de algumas notas se chocarem e outras se harmonizarem quando executadas simultaneamente? Uma explicação envolve as proporções matemáticas existentes entre as ondas sonoras das notas. Duas notas de igual frequência, ou seja, uníssono, combinam-se porque apresentam exatamente o mesmo comprimento de onda. O intervalo de oitava é consonante, pois uma nota contém exatamente a metade ou o dobro da vibração da outra. Portanto, quanto mais próxima for a correspondência das vibrações dos sons, mais consonantes eles serão. O intervalo de quinta, considerado consonante, tem uma relação de 2:3, ou seja, uma relação simples. Já o de segunda é de 8:9, relação essa mais complexa, acarretando um som mais carregado de tensão.

Também relacionado às proporções das vibrações, outro fator que influencia na consonância ou dissonância dos sons é a série harmônica, uma espécie de escala musical que a natureza oferece. Trata-se do conjunto de frequências embutidas nos sons individuais, as quais formam todos os intervalos existentes, dos mais simples aos mais complexos (Michels, 2003). Cada som musical apresenta um som fundamental gerador e, também, uma série de outros sons denominados *parciais* ou *harmônicos*. Assim, quanto mais consonante é o intervalo, mais sons parciais ele apresenta em comum. Ademais, os intervalos na região mais grave da série harmônica produzem os sons mais consonantes, e quanto mais caminha-se em direção ao agudo, mais dissonantes eles ficam.

Observe, a seguir, a série harmônica composta com base na nota Dó, bem como a configuração de seus intervalos.

Figura 4.26 – Série harmônica de Dó

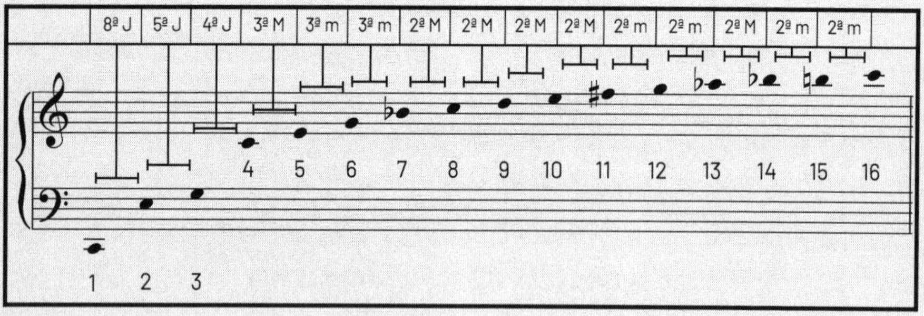

Os três primeiros intervalos formados pela série harmônica são Justos. Os três seguintes, entre 4 e 7, são os de 3ª M (terça Maior) e 3ª m (terça menor). Após o parcial 7 (Si bemol), inicia-se uma sequência de intervalos de 2ª M (segunda Maior) e 2ª m (segunda menor). Quanto mais se avança da esquerda para a direita, menor fica a distância dos intervalos e maior a dissonância. Em síntese, os intervalos diminuem, mas a dissonância aumenta.

Vale, então, conferir como os intervalos são classificados perante os princípios de consonância e dissonância (Figura 4.27). Essa classificação foi consolidada por volta do século XVI, e é mantida por teóricos da música até hoje.

Figura 4.27 – Consonâncias e dissonâncias

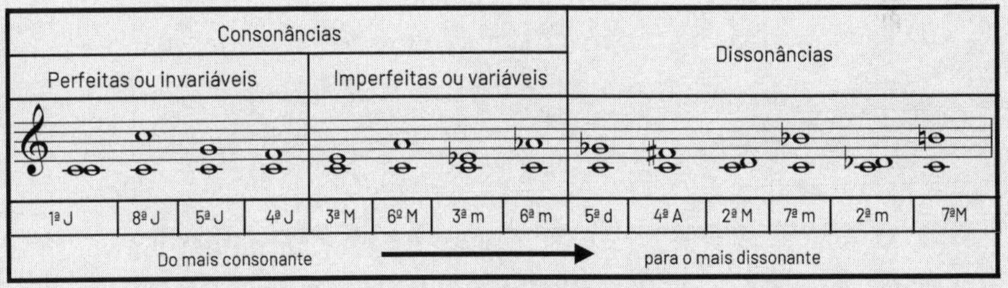

Consonâncias								Dissonâncias					
Perfeitas ou invariáveis				Imperfeitas ou variáveis									
1ª J	8ª J	5ª J	4ª J	3ª M	6º M	3ª m	6ª m	5ª d	4ª A	2ª M	7ª m	2ª m	7ªM
Do mais consonante						→		para o mais dissonante					

Os intervalos consonantes são divididos em dois tipos: perfeitos ou invariáveis e imperfeitos ou variáveis. Os perfeitos ou invariáveis são os de 1ª J (primeira Justa – uníssono), 4ª J (quarta Justa), 5ª J (quinta Justa) e 8ª J (oitava Justa). Os imperfeitos ou variáveis são os de 3ª M (terça Maior), 3ª m (terça menor), 6ª M (sexta Maior) e 6ª m (sexta menor).

Invariáveis são aqueles que, mesmo invertidos, mantêm a classificação qualitativa (Justos). Em contraposição, os variáveis, quando invertidos, alteram sua qualidade, passando de Maior para menor, e de menor para Maior.

Os intervalos dissonantes são os de 2ª M (segunda Maior), 2ª m (segunda menor), 7ª M (sétima Maior), 7ª m (sétima menor), diminutos e Aumentados.

Resumo da ópera

Os intervalos são um aspecto fundamental no estudo da linguagem e da notação musical, pois definem e ajudam a entender melhor o sistema musical vigente no Ocidente: o tonalismo. Com base nas relações diatônicas, calculadas pelo método de temperamento igual, detalhamos o funcionamento dos tons e semitons, os menores intervalos possíveis da música ocidental. Demonstramos que, com base neles, dois modelos de escalas são formados: a do modo Maior e a do modo menor, ambas com cinco tons e dois semitons, sendo cada uma organizada de modo específico.

Os intervalos de 3ª, 4ª, 5ª, 6ª, 7ª e 8ª, principalmente, colaboram para edificar toda a esfera melódica e harmônica do universo tonal. Nessa perspectiva, averiguamos que, além de sua classificação numérica, esses intervalos também podem variar qualitativamente entre Justos, Maiores, menores, Aumentados e diminutos. Por fim, verificamos como as relações de proporções de frequências entre as notas, e também a série harmônica, são elementos que caracterizam os intervalos em consonantes ou dissonantes.

Teste de som

1. Qual é a tonalidade maior que contém cinco bemóis em sua armadura de clave?
   a) Sol bemol Maior.
   b) Ré bemol Maior.
   c) Sol Maior.
   d) Fá menor.
   e) Si bemol menor.

2. Assinale a alternativa que representa corretamente a classificação dos intervalos dispostos na partitura a seguir:

Série de intervalos harmônicos e melódicos

   a) Harmônico, harmônico, melódico descendente, melódico ascendente, melódico descendente e harmônico.
   b) Harmônico, harmônico, melódico ascendente, melódico descendente, harmônico e melódico descendente.
   c) Harmônico descendente, harmônico ascendente, melódico, melódico, harmônico e melódico.
   d) Todos os intervalos são harmônicos.
   e) Melódico, melódico, harmônico, harmônico, melódico descendente e melódico descendente.

3. Classifique os intervalos a seguir em relação ao número e à qualidade da série a seguir:

Série de intervalos com diferentes qualificações

a) 3ª m, 4ª J, 7ª m, 5ª J.

b) 3ª m, 4ª d, 8ª d, 4ª J.

c) 4ª A, 5ª J, 6ª M, 3ª M.

d) 4ª d, 6ª m, 7ª A, 3ª A.

e) 3ª M, 5ª J, 7ª M, 4ª J.

4. Qual é a escala relativa menor de Mi maior?
   a) Dó menor.
   b) Dó Maior.
   c) Sol sustenido menor.
   d) Mi menor.
   e) Dó sustenido menor.

5. Qual é o nome do fenômeno físico acústico que influencia na classificação dos intervalos como consonantes e dissonantes?
   a) Ruído.
   b) Batimento.
   c) Timbre.
   d) Série harmônica.
   e) Intensidade.

Treinando o repertório

Pensando na letra

1. Neste capítulo, você verificou que a ordem dos sustenidos na armadura de clave é Fá, Dó, Sol, Ré, Lá, Mi e Si. Você saberia, então, qual é o intervalo existente entre essas notas? Já a ordem dos bemóis é Si, Mi, Lá, Ré, Sol, Dó e Fá. Qual seria o intervalo? Existe alguma relação entre esses dois intervalos?

2. Em diversas situações, o ouvido humano percebe com clareza as notas da série harmônica. Alguns instrumentos destacam com mais intensidade os parciais mais próximos da nota fundamental. Existem técnicas utilizadas por cantores que intensificam harmônicos específicos mudando-se a posição da boca, do lábio e do maxilar. Tendo sido feita essa observação, cante uma nota longa e experimente abrir e fechar a boca bem como realizar diferentes posições. Qual é o resultado? Consegue ouvir o som se transformando e distinguir algumas notas parciais mais agudas?

   Dica: Neste vídeo disponível no Youtube, a artista Anna-Maria Hefele demonstra como cantar ressaltando diferentes harmônicos e, ao final, interpreta uma canção a duas vozes: https://www.youtube.com/watch?v=vC9Qh709gas.

Som na caixa

1. O estudo dos intervalos vai muito além de identificá-los na partitura. Sendo assim, uma das principais e mais desafiadoras partes de conhecer os intervalos é saber identificá-los auditivamente. Para praticar o reconhecimento dos intervalos, você pode cantar uma melodia conhecida e averiguar de quais intervalos ela é composta. Como exemplo, cante as primeiras notas da canção "Parabéns para você". As duas primeiras notas se referem ao mesmo som – portanto, trata-se de uma 1ª J (primeira Justa). A segunda com a terceira nota formam um intervalo de 2ª M (segunda Maior) ascendente. Se necessário, escreva em uma folha de papel os intervalos existentes entre as notas da melodia.

Capítulo 5

QUESTÕES
COMPLEMENTARES

Primeiras notas

A música é uma arte bastante complexa. Logo, para complementar este livro, inúmeras questões adicionais poderiam ter sido escolhidas. Todavia, com vistas ao aprofundamento no estudo da notação e da linguagem musical, optamos por abordar, neste capítulo, os seguintes tópicos: os acordes, o ciclo de quintas, as articulações e as dinâmicas.

Assim, em primeiro lugar, faremos uma breve introdução ao tonalismo, já que os acordes representam uma fatia importante do universo tonal. Indiretamente, faremos uma introdução à harmonia, visto que é formada pelo encadeamento de acordes. Portanto, demonstraremos como os acordes são formados, classificados e quais são suas possibilidades de inversão. Em seguida, abordaremos as diversas maneiras de articular as notas e todas as suas possíveis variações de intensidade.

5.1 Acordes

Devido ao grande desenvolvimento que o tonalismo alcançou, desde o século XVII até os dias atuais, a definição de *acorde* se tornou uma tarefa desafiadora. O tonalismo é baseado nas relações das notas da escala com a tônica, configurando-se como o primeiro e mais importante grau da escala, seja em modo Maior ou menor. Quando as notas da escala formam grupos de sons, os acordes entram em vigência para compor o que é conhecido como *harmonia*.

A razão para a tarefa de definir o termo *acorde* ser desafiante encontra-se no fato de que a música é uma arte que está em constante movimento e evolução. Assim, a concepção de *acorde* está sempre em transformação, dependendo da época e do estilo musical. Tal definição também se modifica segundo a abordagem do teórico musical, porém existem alguns princípios fundamentais recorrentes na literatura da área e que correspondem a conceitos simples, conectados à origem do tonalismo, constituindo uma estrutura básica ainda utilizada massivamente por compositores hoje em dia.

Sob essa ótica, uma maneira bastante generalizada de explicar o acorde seria esta: grupo de sons de diferentes alturas, executados simultânea ou sucessivamente, que trabalham para compor a harmonia da música. Dessa forma, o termo é interpretado em seu sentido mais amplo, agregando música antiga e contemporânea, erudita e popular.

Vale analisarmos a definição estabelecida por Priolli (1996, p. 43): "Dá-se o nome de acorde ao conjunto de sons ouvidos simultaneamente, e cujas relações de altura são determinadas pelas leis da natureza". A autora menciona que as notas dos acordes provêm de leis da natureza. Quais leis seriam essas? Ela está se referindo a um fenômeno da acústica sonora chamado de *série harmônica*, já mencionado no Capítulo 4.

Quando consideramos a série harmônica de uma nota qualquer, os três primeiros parciais distintos entre si, quando dispostos o mais próximo possível, formam um conjunto de três notas denominado *tríade* (Figura 5.1). Os parciais 2 e 4 da série harmônica são compostos pelas mesmas notas do parcial 1, porém, em oitavas mais agudas.

Figura 5.1 – Tríade presente na série harmônica

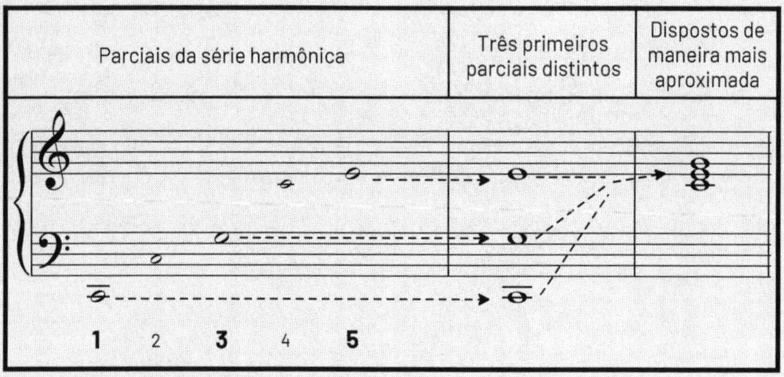

Parciais da série harmônica	Três primeiros parciais distintos	Dispostos de maneira mais aproximada

Alguns autores afirmam que a origem da tríade reside nos parciais 4, 5 e 6 da série harmônica. Tratam-se das mesmas notas, embora posicionadas em diferentes regiões. Portanto, a tríade consiste em um grupo de notas cedidas pela própria natureza dos sons. Ela é composta por duas 3as (terças) sobrepostas, e é justamente o intervalo de 3^a o elemento central na composição dos acordes básicos de todo o sistema tonal da música ocidental.

Joaquín Zamacois, em sua definição de acorde, engloba tanto o conceito geral quanto o mais específico cedido pelo fenômeno da série harmônica: "Duma maneira geral, chama-se **acorde** a todo o conjunto de notas que se executa **simultaneamente,** mas na estrita acepção teoricamente consagrada tal conjunto só possui a condição de **acorde** quando as suas notas **distintas** – as repetidas não contam – se podem ordenar por 3as **sucessivas**" (Zamacois, 2009, p. 233, grifos do original). Em termos acadêmicos, um acorde precisa necessariamente ser composto (pelo menos em sua base) por uma sobreposição de intervalos de 3^a.

A nota mais grave, base do acorde, é chamada de *nota fundamental*. As demais são nomeadas segundo o intervalo que formam em relação à fundamental. No caso da tríade, são chamadas de *terça* (3ª) e *quinta* (5ª) – conforme exposto na Figura 5.2. É por isso que muitas vezes os acordes de três sons são também denominados *acordes de quinta*. Essa última nomenclatura condiz com o intervalo formado pelas notas extremas do acorde: uma 5ª. O termo *tríade* diz respeito à quantidade de notas que formam o conjunto sonoro.

Figura 5.2 – Nomes das notas do acorde de três sons

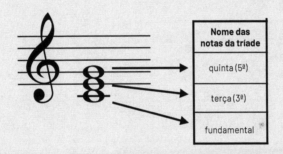

Seguindo a concepção clássica de acordes, existem quatro tipos de tríades principais, as quais têm origem nas escalas Maior e menor diatônicas. Os intervalos de 3ª presentes são sempre Maior ou menor. Já os acordes de três sons são classificados em *perfeitos*, quando seu intervalo de 5ª é Justo, e *imperfeito*, quando a 5ª é Aumentada ou diminuta.

Figura 5.3 – Classificação das tríades

Tríades ou acordes de 5ª				
Perfeitos		Imperfeitos	
Maior	menor	Aumentado	diminuto

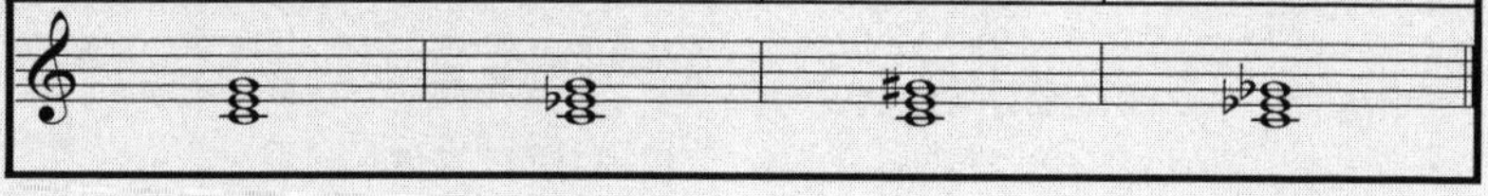

O acorde perfeito Maior (Figura 5.4) é uma tríade formada por uma 3ª M (terça Maior), uma 3ª m (terça menor) e uma 5ª J (quinta Justa) entre as notas extremas. Abrevia-se *perfeito Maior* por *PM*.

Figura 5.4 – Acorde PM

O acorde perfeito menor (Figura 5.5) também é uma tríade formada por uma 3ª M (terça Maior), uma 3ª m (terça menor) e uma 5ª J (quinta Justa), porém, as terças mudam de posicionamento, existindo, entre a fundamental e a 3ª, uma 3ª m (terça menor), e entre a 3ª e a 5ª uma 3ª M (terça Maior). Abrevia-se *perfeito menor* por *Pm*.

Figura 5.5 – Acorde Pm

Nos acordes de três sons imperfeitos, o intervalo entre a fundamental e a 5ª do acorde não é Justo, mas sim Aumentado ou diminuto. No acorde imperfeito Aumentado (Figura 5.6), as duas 3ᵃˢ são Maiores, e a 5ª é Aumentada. Sua abreviação é dada por 5ª *Aum*.

Figura 5.6 – Acorde imperfeito Aumentado

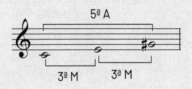

No acorde imperfeito diminuto (Figura 5.7), todas as 3ᵃˢ são menores, e o intervalo de 5ª é diminuto. Sua abreviação é 5ª *dim*.

Figura 5.7 – Acorde imperfeito diminuto

Sobrepondo-se 3ᵃˢ aos graus das escalas Maior e menor harmônica, é possível encontrar todos os acordes perfeitos e imperfeitos (Figura 5.8). Eles se localizam em diferentes graus das escalas, sendo que os Maiores e menores aparecem com mais frequência, e os diminutos e Aumentados, com menos frequência.

Figura 5.8 – Tríades formadas pela escala Maior

I	II	III	IV	V	VI	VII
Tônica	Supertônica	Mediante	Sub-dominante	Dominante	Super-dominante	Sensível
PM	Pm	Pm	PM	PM	Pm	5ª dim

Os acordes perfeitos Maiores ocorrem sobre os graus primários da escala diatônica Maior: I, IV e V. Já os imperfeitos menores ocorrem uma 3ª abaixo dos Maiores, sendo no grau VI (uma 3ª abaixo da tônica), no grau III (uma 3ª abaixo da dominante) e no grau II (uma 3ª abaixo da subdominante). Na sensível, forma-se o acorde de 5ª diminuta. Sendo assim, na escala Maior, formam-se: três acordes Maiores, três menores, e um de 5ª diminuta.

As notas que compõem as tríades sobre os graus primários (I, IV e V) formam juntas uma escala diatônica Maior completa. Sobre a tônica, há as notas Dó, Mi e Sol; sobre a subdominante, as notas Fá, Lá e, novamente, Dó; e sobre a dominante, encontram-se novamente, Sol e, então, Si e Ré. Logo, esses acordes são a célula criadora da escala Maior diatônica (Michels, 2003).

Confira, na Figura 5.9, a formação dos acordes pela escala de Lá menor harmônica.

Figura 5.9 – Tríades formadas pela escala menor harmônica

I	II	III	IV	V	VI	VII
Tônica	Supertônica	Mediante	Sub-dominante	Dominante	Super-dominante	Sensível
Pm	5ª dim	5ª Aum	Pm	PM	PM	5ª dim

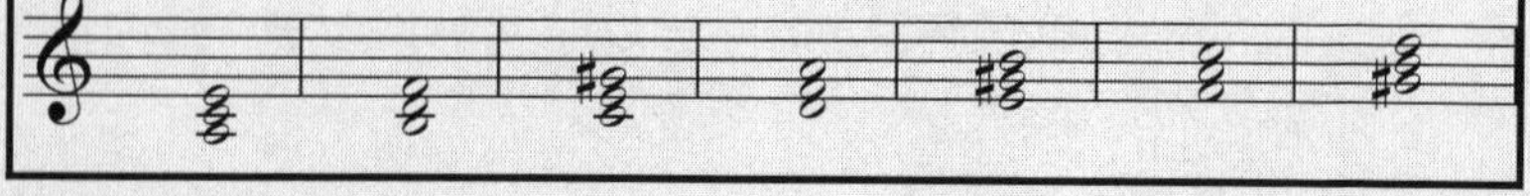

O acorde de 5ª Aumentada ocorre apenas sobre o grau III da escala menor harmônica. Os graus V e VII não sofrem alteração da escala Maior para a menor, mantendo-se perfeito Maior na dominante e de 5ª diminuta na sensível. Na escala menor harmônica, portanto, formam-se: duas tríades Maiores, duas menores, duas de 5ª diminuta e uma de 5ª Aumentada.

Até este ponto, tratamos somente dos acordes compostos por três notas. Contudo, também há acordes de 3ªˢ sobrepostas de quatro e cinco sons, chamados de *tétrades* e *pêntades* ou *acordes de sétima* e *de nona*. Tais acordes também estão presentes na série harmônica, sendo formados pelas parciais 4, 5, 6 e 7 (no acorde de 7ª) e 4, 5, 6, 7 e 9 (no acorde de 9ª), conforme pode ser visualizado na Figura 5.10.

Figura 5.10 – Acordes de 7ª e 9ª na série harmônica

São três os principais tipos de acordes de sétima: 7ª da dominante, 7ª da sensível e 7ª diminuta.

Figura 5.11 – Principais acordes de 7ª

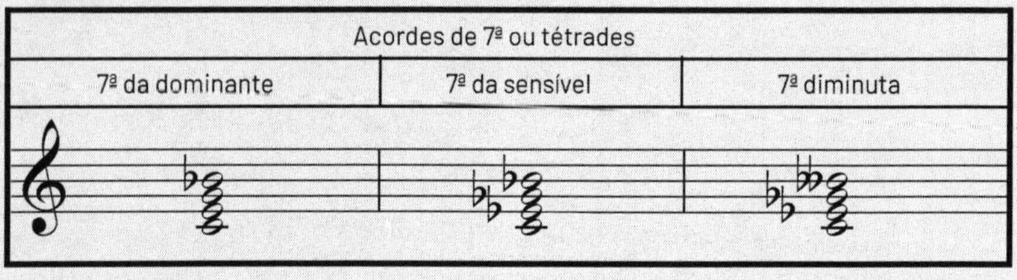

Acordes de 7ª ou tétrades		
7ª da dominante	7ª da sensível	7ª diminuta

Já os principais acordes de nona são dois: 9ª Maior da dominante e 9ª menor da dominante.

Figura 5.12 – Principais acordes de 9ª

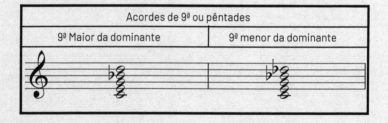

5.2 Inversão de acordes

Inverter um acorde significa mudar a posição das notas, mas de maneira específica. Essa mudança deve ocorrer principalmente na voz mais grave, chamada de *baixo*. É importante não confundir os termos *fundamental*, *tônica* e *baixo*, palavras que, por vezes, se fundem em um mesmo significado.

Assim, a **nota fundamental** é aquela que dá origem a todo o acorde, sendo imprescindível para sua formação. Já a **tônica** diz respeito ao primeiro grau de uma escala, sendo caraterizada como a nota ou o acorde principal de uma tonalidade. Por sua vez, o baixo se refere à nota mais grave do acorde, que, de acordo com a situação, pode ou não vir a ser a tônica ou a fundamental (Med, 2017).

Quando se menciona a maneira como as notas de um acorde estão dispostas, principalmente em relação ao baixo, está se fazendo referência a seu *estado*. Portanto, os acordes podem apresentar-se em dois estados: (1) fundamental e (2) invertido. No estado fundamental (EF), o baixo é a nota fundamental do acorde; no estado invertido, outra nota, que não a fundamental, ocupa a posição de nota mais grave (Priolli, 1996).

Iniciemos pelas inversões dos acordes de três sons, ou seja, pelas tríades (Figura 5.13). Além de seu estado fundamental, duas inversões são possíveis. Na primeira inversão, a 3ª do acorde ocupa o lugar do baixo. Na segunda inversão, a 5ª desempenha o papel de nota mais grave do acorde. Mesmo nas inversões, as notas dos acordes permanecem com o mesmo nome, ou seja, sendo referidas por sua relação com a fundamental do acorde em estado original.

Figura 5.13 – Inversões das tríades

Estados dos acordes de 5ª		
Estado fundamental	1ª inversão	2ª inversão
Baixo – fundamental	Baixo – terça	Baixo – quinta

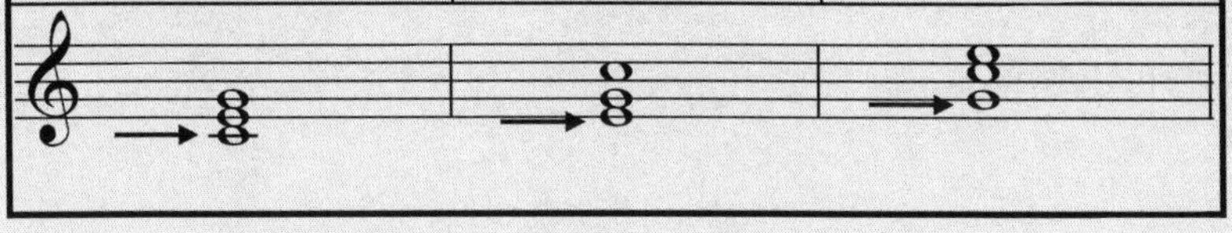

Na primeira inversão (Figura 5.14), a fundamental é lançada uma oitava acima, criando uma nova configuração de intervalos. As notas extremas passam a formar uma 6ª, e os intervalos internos passam a ser de 3ª e de 4ª.

Figura 5.14 – Intervalos dos acordes em primeira inversão

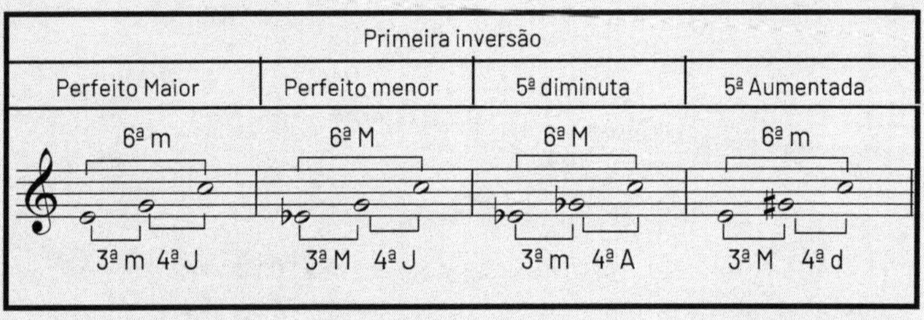

Primeira inversão			
Perfeito Maior	Perfeito menor	5ª diminuta	5ª Aumentada
6ª m	6ª M	6ª M	6ª m
3ª m 4ª J	3ª M 4ª J	3ª m 4ª A	3ª M 4ª d

Já na segunda inversão, a 3ª é lançada uma oitava acima, criando a configuração de intervalos descritos na Figura 5.15.

Figura 5.15 – Intervalos dos acordes de segunda inversão

Segunda inversão			
Perfeito Maior	Perfeito menor	5ª diminuta	5ª Aumentada
6ª M	6ª m	6ª M	6ª m
4ª J 3ª M	4ª J 3ª m	4ª A 3ª m	4ª d 3ª M

Graças ao fenômeno da enarmonia, o acorde de 5ª Aumentada, apesar de ser escrito diferentemente nas suas duas inversões, apresenta um resultado auditivo de 3ªs maiores sobrepostas. Dessa forma, o acorde de Dó de 5ª Aum na segunda inversão, sonoramente, é igual ao acorde de Lá bemol de 5ª Aum no estado fundamental (Med, 2017).

Os acordes de 7ª e 9ª também podem ser invertidos. Ambos estão sujeitos a três inversões possíveis: com a 3ª, a 5ª e a 7ª no baixo. No acorde de cinco sons, a 9ª não pode ocupar o lugar de nota mais grave, pois, dessa forma, descaracteriza a qualidade do acorde. Assim, ela deve ficar sempre acima da fundamental. No exemplo da Figura 5.16, encontram-se inversões dos acordes de 7ª da dominante e de 9ª Maior da dominante.

Figura 5.16 – Inversão de tétrades e pêntades

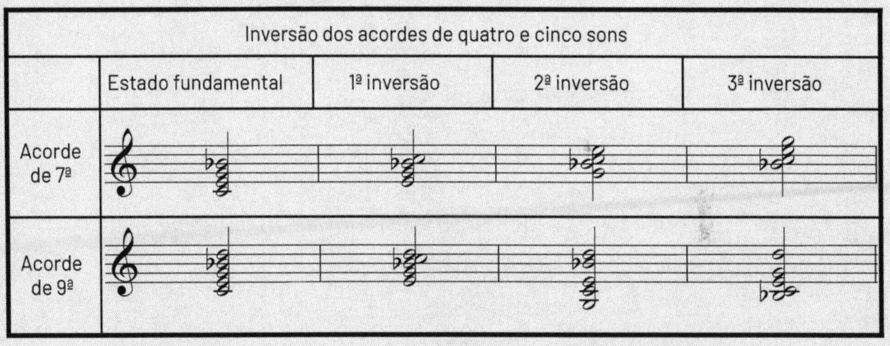

Inversão dos acordes de quatro e cinco sons			
Estado fundamental	1ª inversão	2ª inversão	3ª inversão
Acorde de 7ª			
Acorde de 9ª			

Até este ponto da obra, analisamos os aspectos relacionados aos acordes de uma maneira bastante técnica, centrada na forma mais puramente teórica da música. Em geral, na prática composicional, os acordes ganham mais liberdade para produzir a harmonia da música. Eles são utilizados com diversas variações e permutações, sendo, assim, possível aos compositores revelar toda a sua criatividade e engenhosidade. Inúmeras variações são possíveis, por meio de diferentes posições e configurações de sons, sem que os acordes percam sua personalidade, qualidade e função.

Sob essa ótica, apresentaremos, a seguir, algumas dessas transformações do acorde que não fazem mudar suas características principais.

- **Dobramento ou repetição**: Corresponde à situação em que as notas do acorde são repetidas em uníssono (por diferentes instrumentos) ou em oitavas acima ou abaixo. Esse recurso é muitas vezes utilizado para que o acorde se engrandeça, como é o caso do último acorde do primeiro movimento da 5ª Sinfonia, de Ludwig Van Beethoven (1770-1827), datada de 1808 (Figura 5.17). Sem perder sua qualidade de Dó menor em estado fundamental, esse grande acorde se estende por quatro oitavas em registro, desde o som grave do contrabaixo até os agudos da flauta e do oboé.

Figura 5.17 – Último acorde de Dó menor do primeiro movimento da 5ª Sinfonia de Beethoven transcrito em duas pautas

Audição livre

Ouça a quinta sinfonia de Beethoven na íntegra.

BEETHOVEN: Symphony no. 5 in C minor, op.67. (29 min. 52 s) Disponível em: <https://www.youtube.com/watch?v=yKl4T5BnhOA&t=1282s>. Acesso em: 16 set. 2020.

- **Posição das notas**: Os sons podem estar dispostos em um acorde em posição estreita, aberta ou com ambas as características. A posição **estreita** é a que abordamos até o momento, com os intervalos compondo as menores distâncias entre si. Já a posição **aberta** ocorre quando há um espaço maior entre as notas. Por fim, a maneira **mista** combina as duas configurações. Observe, na Figura 5.18, as três diferentes posições.

Figura 5.18 – Posições dos acordes

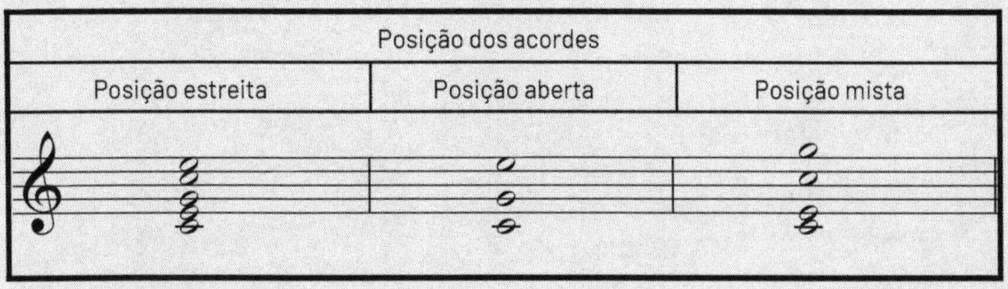

Posição dos acordes		
Posição estreita	Posição aberta	Posição mista

- **Notas sucessivas**: As notas de um acorde podem ser escritas e executadas de forma sucessiva, ou seja, uma depois da outra, e ainda assim a personalidade do acorde será mantida. No período clássico, esse tipo de escrita dos acordes era

Wolfgang Amadeus Mozart

bastante comum. Observe a pauta da Figura 5.19, que retrata os primeiros compassos da Sonata em Dó Maior n.16, de Wolfgang Amadeus Mozart (1756-1791). Apesar de dispostos de forma sucessiva, os acordes caminham pelos graus I, IV e V, dando suporte à melodia.

Figura 5.19 – Início da Sonata em Dó Maior, de Mozart

 Audição livre

Ouça a *Sonata em Dó Maior*, de Mozart, interpretada pelo grande maestro e pianista Daniel Barenboim:

MOZART Piano Sonata No 16 C major K 545 Barenboim. (8 min. 13 s). Disponível em: <https://www.youtube.com/watch?v=1vDxInJVvW8>. Acesso em: 16 set. 2020.

5.3 Ciclo de quintas

O intervalo de 5ª J (quinta Justa) é fundamental no sistema tonal da música do Ocidente. Ele tem a característica única de gerar, a partir de seu encadeamento ascendente ou descendente, uma série de sons, todos diferentes entre si (Zamacois, 2009). No tonalismo, qualquer nota pode desempenhar o papel de tônica, servindo como geradora de escalas e acordes. Assim, o intervalo de 5ª permite acessar todas essas diferentes tonalidades. E mais, dispondo uma série de intervalos de 5ª em um círculo – no que se chama *ciclo de quintas* ou *círculo das quintas* –, é possível identificar as relações de proximidade entre as tonalidades.

O ciclo de quintas evidencia os tons vizinhos, distantes um do outro apenas por uma alteração. As tonalidades se diferenciam pelo número de alterações que utilizam. Dos tons Maiores, o único que não faz uso de acidentes é o Dó Maior. No círculo, à medida que as 5ªs caminham, uma alteração é adicionada ou subtraída. De um lado, com 5ªs ascendentes, estão as alterações por sustenido, e de outro, com 5ªs descendentes, ficam as alterações por bemol. Quando o número de seis alterações é alcançado, nas tonalidades de Fá sustenido Maior e Sol bemol Maior, o círculo se fecha, e as tonalidades se fundem, passando a corresponder aos mesmos sons, porém escritos de maneira diferente, com sustenidos ou bemóis.

Figura 5.20 – Ciclo de quintas retratando as tonalidades Maiores e suas armaduras de clave

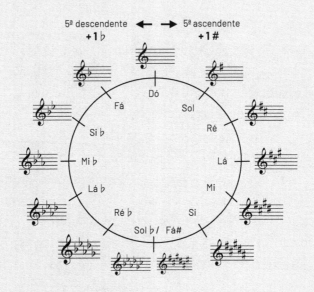

Figura 5.21 – Ciclo de quintas retratando as tonalidades enarmônicas

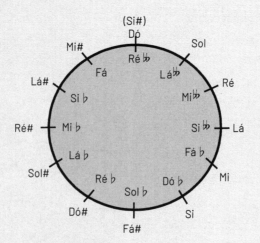

A Figura 5.20 mostra o ciclo de quintas com todas as tonalidades, incluindo as que utilizam sete ou mais alterações. Os tons que fazem uso de muitos acidentes se tornam impraticáveis, pois deixam a leitura musical muito difícil. Por isso, em geral, essas tonalidades são substituídas por seus correspondentes enarmônicos (Figura 5.21). Das tonalidades Maiores da categoria de sustenido, normalmente é utilizado até o tom de Dó sustenido Maior. Já na categoria de bemol, usa-se até o tom de Dó bemol Maior, como ilustra a Figura 5.22.

Figura 5.22 – Tonalidades alteradas e tons enarmônicos mais comuns

5.4 Articulações

A articulação diz respeito à maneira como as notas são executadas, seja em uma sequência de sons, seja isoladamente. Trata-se de um aspecto do fraseado musical. Um grupo de notas pode ser interpretado em conjunto, de forma que não exista espaço entre elas, ou de maneira desconectada, permeadas por silêncio (Sadie, 1994). De forma individual, os sons também podem conter nuances de duração e expressão, dependendo da articulação aplicada.

Existem duas articulações principais que representam, em regra, duas maneiras opostas de execução sonora. Assim, com base nelas, várias outras pequenas variações são possíveis. Em italiano, a língua padrão da música, essas variações são denominadas **staccato** e **legato,** que em português significam, respectivamente, *"destacado"* e *"ligado"*

A notação da articulação *staccato* é dada por meio de um ponto sobre ou sob a cabeça da nota. Ela também é designada por alguns autores como *ponto de diminuição*, pois, dessa forma, contrapõe-se ao *ponto de aumento* – recurso utilizado pela rítmica musical. Ambos, porém, utilizam um ponto como grafia. Todavia, o local de seu posicionamento é específico, sendo ao lado da nota no ponto de aumento, e acima ou abaixo da nota no ponto de diminuição.

Figura 5.23 – Ponto de diminuição e ponto de aumento

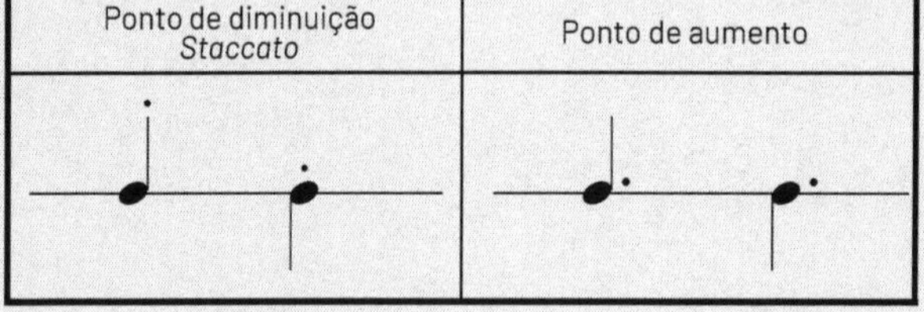

Ponto de diminuição *Staccato*	Ponto de aumento

Em vez de aumentar o valor da nota em sua metade – função do ponto de aumento –, o *staccato* representa o contrário: encurta o tamanho do som ao meio. Na prática, durante uma execução musical, a duração da figura munida de ponto de diminuição é, de certa forma, aproximada. O que deve ser, de fato, considerado é o conceito, a ideia de que a nota passa a valer a metade de sua forma original. Assim, cabe ao músico usufruir de sua musicalidade para decidir a devida interpretação para cada trecho determinado. O mais importante, no caso do *staccato* (Figura 5.24), é que as notas, quando agrupadas, sejam intermediadas por silêncios, destacando um som do outro.

Figura 5.24 – Grafia e execução do *staccato*

Em sentido oposto ao *staccato*, figura o *legato*, forma de execução em que todas as notas são ligadas. Para demarcar essa articulação, utiliza-se uma ligadura, isto é, um traço curvo sobre ou sob a cabeça das notas. Esse tipo de articulação também é conhecido como *ligadura de expressão*. Assim como no caso dos pontos de aumento e de diminuição, existe um tipo de ligadura usada como recurso rítmico: a *ligadura de prolongamento*. Há, ainda, um terceiro caso do uso de ligadura: a *ligadura de frase*, que aponta o início e o fim de determinada frase musical. Portanto, há:

- **Ligadura de expressão**: Corresponde à execução de notas de alturas diferentes de maneira ligada.
- **Ligadura de prolongamento**: Diz respeito a um recurso rítmico utilizado em sons de mesma altura, em que somente a primeira nota é articulada.

- **Ligadura de frase**: Demarca quando uma frase musical começa e termina.

A Figura 5.25 ilustra os três tipos de uso da ligadura.

Figura 5.25 – Três tipos do uso da ligadura

Legato Ligadura de expressão	Ligadura de prolongamento	Ligadura de frase

O toque *legato* também pode ser especificado na partitura com o emprego do próprio termo, disposto próximo da frase musical em questão. Há também a expressão *non legato*, indicando que a execução deve ser realizada entre o *staccato* e o *legato*. Entretanto, a forma mais comum de grafar essa articulação intermediária é utilizando o que é conhecido como *portato* (Figura 5.26). Seu modo de escrita envolve a notação do ponto e da ligadura conjuntamente.

Figura 5.26 – *Non legato* e *portato*

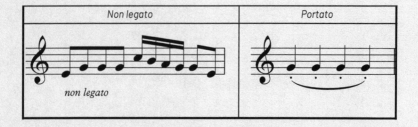

Existe uma forma de execução das notas ainda mais curta e seca que o *staccato*. Essa articulação recebe diferentes nomes: *staccatissimo, staccato secco*, grande *staccato* ou *martellatto* (Figura 5.27). Ela é representada na partitura por uma forma de cunha vertical, uma espécie de pequeno triângulo. Sua execução é feita conferindo à nota aproximadamente 1/4 de sua duração.

Figura 5.27 – *Martellatto*

Por fim, citamos a articulação denominada *tenuto*, palavra italiana para "sustentado", indicada por um traço curto horizontal. Na seção "Abreviaturas, sinais e indicações de execução", do livro *Atlas de Música I*, de Ulrich Michels (2003, p. 80), a definição de *tenuto* é: "sustentando prolongadamente o som". Em termos mais técnicos, a nota com *tenuto* (Figura 5.28) deve manter uma sonoridade homogênea no que diz respeito à intensidade, justamente pela duração exata que a figura representa. Além disso, como aponta Zamacois (2009), o intérprete também deve transmitir certo apoio, uma espécie de intenção diferenciada à nota. Essa articulação pode ser representada tanto pelo uso do termo quanto do sinal.

Figura 5.28 – *Tenuto*

Há uma variante do *tenuto* quando a articulação do *staccato* também é adicionada à nota (Figura 5.29). O resultado sonoro é que o som conserva as características do *tenuto*, porém, ao ser executado em uma sequência de notas, estas apresentam uma brevíssima separação entre si.

Figura 5.29 – *Tenuto* com *staccato*

A maneira como as articulações são executadas varia de um instrumento para outro. Para os instrumentos de sopro e para os cantores, muitas vezes o *legato* significa executar uma frase sem a interrupção causada pela respiração. Já para os instrumentos de cordas friccionadas, pode significar executar um grupo de notas com um único movimento do arco. Já para o pianista, pode ter o sentido de manter o pulso fixo e somente movimentar os dedos, sem tirar a mão do teclado.

5.5 Dinâmicas

Dinâmicas correspondem a indicações de variações de intensidade na música e referem-se a um dos principais fatores da expressividade musical. Elas são sempre relativas, isto é, não existe um volume absoluto estabelecido para cada grau de dinâmica. Vale considerar que diversos outros fatores influenciam na intensidade, como o tipo de instrumento, a forma de execução, a acústica do ambiente e o número de executantes.

Os sinais de dinâmicas devem ser dispostos na parte de baixo do pentagrama. Uma vez empregado, o sinal segue valendo como indicação até que outro sinal o substitua. Os dois termos opostos *forte* e *piano* (em português, "forte" e "suave") fornecem a estrutura básica para que diversas outras variações de intensidade ocorram. Na partitura, somente as abreviações são utilizadas, sendo *f* para *forte* e *p* para *piano* (Med, 2017).

Caso queira aumentar o grau de intensidade das dinâmicas do tipo forte, adicionam-se abreviações da letra: por exemplo, *ff*, que significa *fortissimo*. Seguindo o mesmo raciocínio, para diminuir o volume de dinâmicas suaves, adicionam-se letras *p*, como *pp*, que significa *pianissimo*. Os volumes intermediários são designados pelo termo *mezzo*, tendo como abreviação a letra *m*, e sendo possíveis apenas duas abreviações: *mp* e *mf*.

Em uma escala de 1 a 10, o Quadro 5.1 demonstra as dinâmicas encontradas com mais frequência em partituras musicais, sendo que o número 1 representa a intensidade pppp, e o número 10, a intensidade ffff.

Quadro 5.1 – Sinais de dinâmica com base nos termos *piano* e *forte*

Dinâmicas			
Piano		Forte	
1	*pppp*	6	*mf*
2	*ppp*	7	*f*
3	*pp*	8	*ff*
4	*p*	9	*fff*
5	*mp*	10	*ffff*

Audição livre

Ouça o trecho *Adagio mosso* do primeiro movimento da sexta sinfonia de Tchaikovsky (correspondente à primeira parte do vídeo indicado a seguir), na qual o compositor utiliza os extremos das dinâmicas fracas.

Tchaikovsky: Symphony No. 6 "Pathétique", Op. 74 (Score). (49 min. 58 s). Disponível em: <https://www.youtube.com/watch?v=8VswsTffasc>. Acesso em: 17 set. 2020.

Aos termos básicos, podem ser acrescentadas palavras para designar dinâmicas mais específicas. A seguir, apresentamos uma lista com algumas dessas palavras e seus significados:

- *più* – mais
- *poco* – um pouco
- *molto* – muito
- *meno* – menos
- *poco a poco* – pouco a pouco
- *sempre* – sempre
- *súbito* – de repente

Além dos sinais que fixam determinada dinâmica, há aqueles que alteram de forma gradativa a intensidade. Para isso, são utilizados tanto palavras (normalmente abreviadas) quanto sinais gráficos. Quando o compositor pretende que a dinâmica se torne cada vez mais forte, é usado o termo *crescendo* (*cresc.*), e cada vez mais piano, *diminuendo* (*dim.*) (Quadro 5.2). As palavras também podem ser substituídas pelos sinais de um ângulo aberto para a direita, para *crescendo*, e em um ângulo aberto para a esquerda, para *diminuendo*.

Quadro 5.2 – Dinâmicas gradativas

Alteração gradativa de dinâmica		
Abreviação	Sinal gráfico	Significado
cresc.	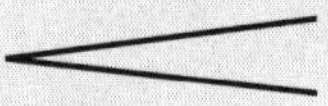	Aumentar gradativamente a intensidade
dim.	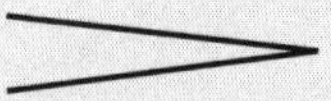	Diminuir gradativamente a intensidade

Para finalizar os assuntos que envolvem a dinâmica, devemos citar o **acento**. Trata-se de um sinal colocado sobre ou sob a cabeça das notas com o intuito de indicar uma ênfase no momento de sua articulação. É representado por um pequeno ângulo, com o lado aberto para a esquerda. Quando o ângulo está em direção à cabeça da nota, é chamado de *marcato*, uma forma exagerada de se interpretar o acento. Há duas outras maneiras de retratar um efeito similar ao da acentuação: o *sforzato* (sfz) e o *forte piano* (fp) (Figura 5.30). No primeiro, deve-se atacar a nota com muito acento e, imediatamente, amenizar a dinâmica. No segundo, deve-se atacar *forte* e, logo em seguida, mudar a dinâmica para *piano*.

Figura 5.30 – Alguns tipos de acentuação

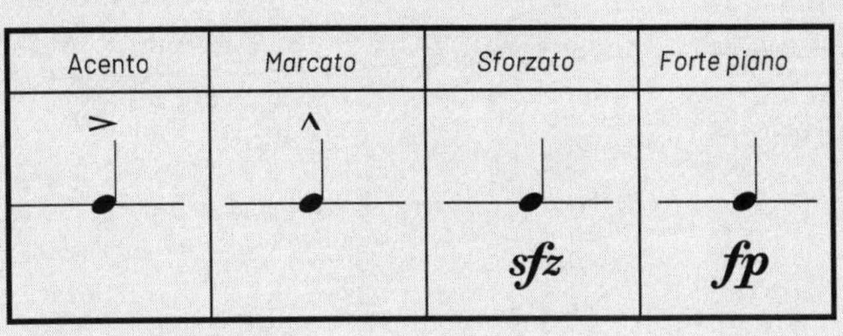

Acento	Marcato	Sforzato	Forte piano
>	^	*sfz*	*fp*

Nos instrumentos de cordas friccionadas (Figura 5.31), como violino, viola, violoncelo e contrabaixo, são usados sinais para designar se o arco, quando toca a corda, faz um movimento para cima ou para baixo.

Figura 5.31 - Sinais utilizados por instrumentos de cordas friccionadas

Esses sinais são chamados de *arcadas* e não devem ser confundidos com sinais de articulações, dinâmicas e acentuações.

 Resumo da ópera

Neste capítulo, esclarecemos que os principais acordes do tonalismo ocidental têm origem em um fenômeno acústico da natureza denominado *série harmônica*. Também, demonstramos que os acordes do universo tonal são formados por 3ªs sobrepostas, e que os dois principais modos são o Maior e o menor. Além disso, esclarecemos que, quando os acordes são invertidos ou contêm duplicações de notas, não mudam sua classificação qualitativa. Ainda, na seção sobre o ciclo de quintas, expusemos as tonalidades Maiores dentro de um círculo fechado, maneira que evidencia as relações de vizinhança entre os tons e suas enarmonias.

Finalizando o capítulo, abordamos as articulações utilizadas com mais frequência na música, a saber: *staccato*, *staccatissimo*, *legato*, *non legato*, *portato*, *martellatto*, *tenuto* e o *staccato tenuto*. Também, apresentamos as dinâmicas fixas, baseadas em dois termos principais – *forte* e *piano* –, bem como as possibilidades de mudanças graduais pelos termos *crescendo* e *diminuendo*, e seus sinais gráficos correspondentes.

Teste de som

1. Qual é a classificação da tríade formada pelos parciais da série harmônica 5, 6 e 7?

    a) 5ª Aum.
    b) Perfeito Maior.
    c) 5ª dim.
    d) Perfeito menor.
    e) 7ª da dominante.

2. Qual é a classificação das tríades exposta na figura a seguir?

    Série de tríades

    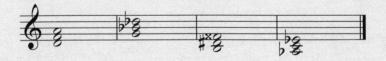

    a) Perfeito menor, perfeito menor, perfeito Maior e 5ª dim.
    b) 5ª dim, 5ª Aum, perfeito Maior e 5ª dim.
    c) Perfeito menor, 5ª dim, perfeito Maior e perfeito menor.
    d) Todos são 5ª dim.
    e) Perfeito menor, 5ª dim, 5ª Aum e perfeito Maior.

3. Qual é a tonalidade enarmônica, da categoria de sustenidos, de Ré bemol Maior?
   a) Ré sustenido Maior.
   b) Mi Maior.
   c) Ré Maior.
   d) Dó sustenido Maior.
   e) Si bemol menor.

4. Quais articulações são utilizadas no trecho musical a seguir?

   Trecho musical com diversas articulações

   a) *Martellatto, legato* e *staccato*.
   b) *Staccato*, ligadura de prolongamento e *staccatissimo*.
   c) Ponto de aumento, ligadura e ponto de diminuição.
   d) Grande *staccato, non legato* e ponto de diminuição.
   e) *Portato, legato* e *tenuto*.

5. Identifique as dinâmicas do trecho musical apresentado na figura a seguir:

   Trecho musical com diferentes dinâmicas

a) Piano, diminuendo, fortissimo, forte subito e subito piano.
b) Mezzo piano, crescendo, forte com *martellatto*, forte, acento e *piano*.
c) Pianissimo, crescendo gradativo, forte com acento, sforzato, marcato e, de repente, *piano*.
d) Piano, crescendo, fortissimo, sforzato e pianissimo.
e) Pianissimo, diminuendo gradativo, forte com acento, fortissimo, marcato e piano.

Treinando o repertório

Pensando na letra

1. Como você definira *acorde*? Duas notas soando em conjunto já caracterizam um acorde? E quanto aos intervalos, a sobreposição de somente 2as, 4as ou 5as configura um acorde?

2. Se todas as dinâmicas em música são relativas, como saber quando um som é forte ou fraco? Essa definição poderia fazer referência à quantidade de energia despendida pelo músico? Um som que é considerado forte por alguém pode parecer fraco em um contexto diferente?

Som na caixa

1. Tomando como referência a Figura 5.8, mostrada neste capítulo, escreva em um papel as tríades tendo por base os graus das escalas de Ré Maior, Lá Maior, Si bemol Maior e Mi bemol Maior.

Capítulo 6

CARACTERÍSTICAS DA MÚSICA

Primeiras notas

As características da música são os elementos que constroem a estrutura de uma obra, de uma canção ou de um trecho musical. Sob essa perspectiva, neste capítulo, detalharemos cada um desses elementos. Assim, analisaremos a música em suas partes menores, verificando como cada uma funciona. Em geral, esses elementos estão presentes na maioria das músicas, mas nem sempre em todos os estilos e épocas.

Dessa forma, examinaremos as seguintes características musicais: melodia, harmonia, contraponto, ritmo e estrutura. Todas têm a mesma importância no contexto musical, pois a melodia não vive sem o ritmo, tal como o contraponto não sobrevive sem uma linha melódica, e assim por adiante. Muitos podem pensar que a melodia é o elemento mais importante da música. Contudo, em diversos casos, uma melodia fica consagrada na história da música por também conter outras características muito bem-elaboradas, como a rítmica, a harmonia ou o contraponto.

6.1 Melodia

Antes de adentrarmos na abordagem da melodia, é essencial esclarecer que todas as caracerísticas da música podem ser combinadas, formando o que é chamado de *textura*. A **textura musical** se refere à maneira que o compositor combina certas características em sua obra. Ele pode escolher focar sua música inteiramente em uma melodia ou evidenciar a harmonia, o ritmo, o contraponto, a depender de seu estilo de composição. Em diferentes épocas da história foram valorizados distintos elementos constitutivos da música, como a linha melódica simples do canto gregoriano na Idade Média, o contraponto no período barroco e a forma ou a estrutura geral da composição no período clássico.

De maneira geral, há quatro formas básicas de textura musical: (1) monofonia, (2) homofonia, (3) polifonia e (4) heterofonia. Em uma música **monofônica**, a textura é a mais rarefeita de todas, com apenas uma linha de sons presente. Toda vez que uma pessoa ou um grupo de pessoas canta uma canção em uníssono, por exemplo, sem qualquer tipo de acompanhamento de acordes por instrumentos musicais ou outras linhas melódicas vocais, há uma textura monofônica (Bennett, 1998).

Na terminologia da teoria musical, a **homofonia** corresponde às texturas em que uma melodia tem um papel de destaque, ficando o acompanhamento em segundo plano, dando apenas suporte harmônico, normalmente com acordes (Med, 2017). Uma formação musical de textura homofônica muito comum nos dias atuais, é a de voz e violão, em que o músico interpreta a melodia principal com a voz e, ao mesmo tempo, executa o acompanhamento com os acordes do violão.

Já a **polifonia** diz respeito ao tipo de textura que deu origem ao **contraponto**: um conjunto de regras que organiza duas ou várias linhas melódicas, de mesma importância, que ocorrem simultaneamente. Para melhor explicar, tomemos como exemplo um tipo de técnica muito antiga e conhecida, o *cânone*. Nessa forma de escrita polifônica e contrapontística, uma melodia se inicia e logo em seguida é imitada por outra voz, sendo que, no contexto geral, todas as notas se harmonizam. Há casos em que o cânone é integrado por muitas vozes, formando uma textura complexa com diversas linhas melódicas ao mesmo tempo.

Audição livre

Ouça um dos mais conhecidos cânones da música ocidental: *Frère Jacques*, de Jean-Philippe Rameau.

JEAN-PHILIPPE Rameau, Frère Jacques. (1 min. 48 s). Disponível em: <https://www.youtube.com/watch?v=ypwUqsD6qCw>. Acesso em: 12 ago. 2020.

Quando, em uma mesma composição, são utilizadas a monofonia, a homofonia e a polifonia, tem-se em curso a **heterofonia**, que corresponde à combinação de diferentes texturas em uma única obra ou trecho musical. O Quadro 6.1 apresenta os quatro tipos de textura possíveis.

Quadro 6.1 – Texturas musicais

Monofonia	Linha melódica simples
Homofonia	Melodia com acompanhamento
Polifonia	Duas ou mais linhas melódicas
Heterofonia	Combinação de texturas

Tendo em mente as possíveis texturas musicas, seguiremos com a análise da primeira característica da música aqui selecionada – a melodia. Todo aspecto **melódico** da música está ligado direta ou indiretamente ao canto, ou seja, ao que a voz humana é capaz de realizar musicalmente. Em primeiro lugar, podemos destacar a característica vocal de executar sons sucessivos, e não simultâneos. Um instrumento como o piano pode fazer soar várias notas ao mesmo tempo. A voz, no entanto, interpreta sempre sons individuais, formando uma linha musical horizontal. Portanto, uma característica fundamental de uma melodia é reunir um grupo de notas que são executadas em determinada ordem, uma depois da outra.

Em segundo lugar, uma melodia caracteriza-se por conter sons de alturas diferentes, com uma diversidade de notas que caminham para o agudo e para o grave. Tais variações de alturas formam o que é chamado de **contorno melódico**. Normalmente, as melodias também apresentam diversidade nas durações dos sons, mas não necessariamente, pois não são raras as melodias com uma rítmica bastante regular, que utiliza somente figuras de valor idêntico.

Um terceiro ponto de destaque é que uma melodia contém em si um sentido musical lógico, formado por uma coerente integração das alturas e do ritmo. Ela provoca no ouvinte uma sensação de que as notas fazem parte de um conjunto, com identidade e personalidade, guardando em si uma ideia completa.

Portanto, é válido assumir que a melodia constitui uma linha sucessiva de sons individuais, com variações de alturas, mas nem sempre com variações rítmicas, provida de um autossuficiente sentido musical. Por conter uma ideia fechada em si, geralmente uma melodia apresenta um começo, um meio e um fim bem definidos.

Na sequência, apontamos algumas formas de iniciar e encerrar uma melodia, segundo seu aspecto rítmico. Depois, examinaremos como a seção central e principal da melodia pode ser construída, além de outras partes e formas de ordenamento das notas.

Quando o primeiro som da melodia coincide com o primeiro tempo do compasso, que corresponde ao tempo métrico mais forte, diz-se que a melodia tem o ritmo **tético**.

Se ligue no batuque!

Georg Friedrich Handel

A palavra *tético* tem origem nas danças gregas, nas quais a batida do pé do dançarino no chão era chamada de *thesis* (Med, 2017). É o caso de uma melodia bastante conhecida, o "Hallelujah", que faz parte de uma grande obra chamada *O Messias* (1741), do compositor Georg Friedrich Handel (1685-1759).

O trecho apresentado a seguir, do início da melodia "Hallelujah", tem uma fórmula de compasso de quatro por quatro, e a melodia tem ritmo tético, pois se inicia no tempo 1.

Figura 6.1 – Início da melodia "Aleluia", composta por Handel

A - le-lui-a   a - le-lui-a   a-le-lui-a   a-le-lui-a   a - le — lui-a

Outra melodia importante do repertório clássico que tem ritmo tético é "O cisne", do compositor francês Camille Saint-Saëns (1835-1921). Essa melodia integra a obra chamada *O carnaval dos animais* (1886) e é executada pelo violoncelo em um lento compasso de seis por quatro.

Figura 6.2 – Início da melodia de "O cisne", de Saint-Saëns

 Audição livre

Aprecie "O cisne" de *O carnaval dos animais*, de Saint-Saëns, com a interpretação do renomado violoncelista Yo-Yo Ma.

Yo-Yo Ma, Kathryn Stott - The Swan (Saint-Saëns). (3 min. 06 s). Disponível em: <https://www.youtube.com/watch?v=3qrKjywjo7Q>. Acesso em: 17 set. 2020.

Johannes Brahms

Por vezes, uma melodia pode iniciar um pouco antes do primeiro tempo do compasso. Ela é, então, classificada como **ritmo anacrústico**. Também de origem grega (porém, ligada à poesia), a palavra *anakrousis* fazia referência às sílabas que antecediam o primeiro acento do verso (Med, 2017). Portanto, na música, as notas que precedem o tempo forte da melodia são chamadas de **anacruse**. Johannes Brahms (1833-1897) compôs a melodia principal do último movimento de sua Sinfonia n. 1 (1876) em ritmo anacrústico. A primeira nota dessa melodia é executada no último tempo do compasso, ponto em que normalmente a anacruse tem seu lugar.

Figura 6.3 – Melodia presente na Sinfonia n. 1, de Brahms

Gioachino Rossini

Também é comum que as melodias de ritmo anacrústico iniciem com duas notas. Uma das mais conhecidas óperas de Gioachino Rossini (1792-1868), *Guilherme Tell* (1829), contém em sua abertura uma melodia em tempo de marcha mundialmente conhecida e que se inicia com uma anacruse de duas notas.

Figura 6.4 – Primeiros compassos da famosa melodia em marcha de *Guilherme Tell*

Ainda, há as melodias que se iniciam com uma pausa, ou seja, com silêncio no tempo forte do compasso. Elas são conhecidas como melodias de **ritmo acéfalo**. O ataque da melodia, portanto, ocorre logo depois do primeiro tempo do compasso. Em uma obra bastante influenciada pelo *jazz*, chamada *Rhapsody in Blue* (1924), do compositor americano George Gershwin (1898-1937), a parte solista do piano faz sua primeira aparição na música executando uma melodia acéfala.

George Gershwin

Essa melodia desprovida do primeiro tempo é um elemento recorrente em diversos pontos da obra.

Figura 6.5 – Melodia de ritmo acéfalo, de Gershwin

 Audição livre

Ouça *Rhapsody in Blue* do compositor George Gershwin, com a interpretação do renomado pianista Lang Lang.

LANG Lang: George Gershwin - Rhapsody in Blue. (18 min. 08 s)
   Disponível em: <https://www.youtube.com/watch?v=ss2GFGMu198>. Acesso em: 17 set. 2020.

No quadro a seguir estão sintetizados os três tipos de ritmos tratados até aqui.

Quadro 6.2 – Três tipos de ritmos iniciais das melodias

Tético	Início no primeiro tempo do compasso
Anacruse	Início antes do primeiro tempo do compasso
Acéfalo	Início depois do primeiro tempo do compasso

No atinente às terminações das melodias, existem dois tipos: a masculina e a feminina. Na primeira terminação, a melodia encerra-se no tempo mais forte do compasso, o primeiro; e na segunda terminação, ela acaba em um tempo fraco do compasso.

Um dos mais importantes compositores brasileiros, Heitor Villa-Lobos (1887-1959), escreveu uma série de obras intituladas *Bachianas brasileiras*. A de número 5, escrita para soprano e oito violoncelos, compreende uma melodia com características masculinas, pois a maioria das terminações de suas frases coincide com os primeiros tempos dos compassos, como a primeira frase da música já evidencia.

Figura 6.6 – Primeira frase da principal melodia de *Bachianas Brasileiras* n. 5 (1938), de Villa-Lobos

Claude Debussy

Um exemplo de melodia com terminação feminina é a obra para piano solo do compositor francês Claude Debussy (1862-1918) chamada *Claire de Lune* (1903). Nela, as frases melódicas sempre se encerram em tempos fracos dos compassos, fazendo a música parecer flutuar no tempo. Observe na partitura (Figura 6.7) que a última nota da primeira frase da melodia repousa sobre o segundo tempo do compasso.

Figura 6.7 – Primeira frase da obra *Claire de Lune*

Quadro 6.3 – Terminações melódicas

Terminação masculina	Melodia encerrada no tempo forte
Terminação feminina	Melodia encerrada em algum tempo fraco

Agora, descreveremos como a melodia, geralmente, é estruturada. As melodias podem apresentar partes pequenas, médias e grandes, e conter elementos que se repetem, formando uma unidade. Quase todas as melodias são compostas de três partes principais: (1) motivo, (2) frase e (3) período.

O **motivo** se refere a um fragmento musical pequeno, mas suficientemente definido a ponto de transmitir uma ideia. Normalmente, além de conter partes da melodia, ele também é usado para integrar a harmonia e o ritmo da obra. No primeiro movimento da 7ª Sinfonia (1812), de Ludwig Van Beethoven (1770-1827), o primeiro tema da seção rápida contém um motivo rítmico que é utilizado extensivamente pelo compositor. Trata-se de uma pequena célula rítmica formada por apenas três notas, sendo uma delas pontuada, que bastou para Beethoven criar uma complexa textura na qual o motivo é usado tanto na melodia quanto no acompanhamento harmônico e rítmico. Na partitura a seguir (Figura 6.8), pode-se visualizar a representação da melodia de Beethoven e o motivo de três notas sendo demonstrado pelos quadrados.

Figura 6.8 – Melodia executada pela flauta no primeiro movimento da 7ª Sinfonia de Beethoven

Por sua vez, a **frase** diz respeito a uma parte substancial da melodia, que já carrega em si um sentido musical completo. Normalmente, é maior que o motivo, ocupando o espaço de quatro a oito compassos. Todavia, frases de um, dois, seis e, até mesmo, três e cinco compassos também podem ocorrer com certa frequência no repertório musical. Os quatro compassos da melodia da 7ª Sinfonia de Beethoven, retratados na figura 6.8, demonstram uma frase musical completa.

Já o **período** é a junção de duas frases musicais, sendo a primeira uma pergunta e a segunda uma resposta. Na terminologia musical, a pergunta é chamada de *antecedente*, e a resposta, de *consequente*. Observe na partitura a seguir (Figura 6.9) a melodia completa de Beethoven composta de duas frases, uma antecedente e a outra consequente. Cada frase ocupa o espaço de quatro compassos, formando, assim, um período de oito compassos.

Figura 6.9 – Um período da melodia da 7ª Sinfonia de Beethoven

Uma última forma de classificar uma melodia relaciona-se ao modo como suas notas caminham. Basicamente, elas podem ser ordenadas de três maneiras: por predominância de **grau conjunto**, por predominância de **saltos** ou por uma **combinação** das duas maneiras. Na primeira forma, os sons são vizinhos entre si, não se distanciando mais que um intervalo de 2ª. Na segunda, a melodia é composta em sua maior parte de intervalos de 2ª, 4ª, 5ª ou até 6ª, 7ª e 8ª. E na terceira forma, a melodia combina trechos tanto por grau conjunto quanto por saltos.

6.2 Harmonia

Diferente da melodia, que considera os sons sucessivos grafados na partitura, a harmonia pode ser associada principalmente à verticalidade dos sons simultâneos. Ela se refere ao estudo dos acordes, a como são formados e a suas relações de encadeamento. De maneira geral, o termo *harmonia* é empregado com dois sentidos: o primeiro tem relação com a análise dos acordes em seu âmbito individual, e o segundo serve para designar como eles progridem durante uma obra.

Cabe desenvolvermos aqui dois aspectos harmônicos fundamentais da música tonal: a cadência e a modulação.

As **cadências** conferem a uma melodia seu sentido de conclusão. Assim, normalmente são dispostas no término de uma frase musical. Funcionam como os sinais de pontuação na linguagem escrita, demarcando pontos de transição entre o fim de uma ideia e o início de outra. Nesse sentido, podem figurar como pontos de repouso ou serem empregadas em momentos de suspensão ou expectativa (Bennett, 1998).

O estudo das cadências e da harmonia em geral requer o conhecimento dos acordes e de seus graus da escala, bem como de seus números e de suas funções (recomendamos que você retome o Quadro 4.1 deste material para verificar os graus e seus nomes funcionais).

A **cadência perfeita** (Figura 6.10) é formada pela dominante (D), de grau V, e pela tônica (T), de grau I. Ela comunica um forte sentido de conclusão e é frequentemente utilizada pelos compositores ao final de uma obra ou de um trecho importante. Para que a cadência perfeita acentue seu efeito conclusivo, os acordes devem estar em estado fundamental, com a voz principal (normalmente o soprano) situada na tônica; além disso, a dominante precisa conter a 7ª.

Figura 6.10 - Cadência perfeita

A **cadência imperfeita** (Figura 6.11) tem a ordem oposta da perfeita, sendo formada pela tônica (T), de grau I, e pela dominante (D), de grau V. Por vezes, o acorde que antecede a dominante pode ser de outro grau, como II e IV (o grau II é também conhecido como *subdominante paralela - Sp*). Assim, a cadência imperfeita cria a sensação de que algo ainda está para se resolver, como se fosse uma espécie de vírgula no discurso musical (Michels, 2003).

Figura 6.11 – Cadências imperfeitas

A **cadência plagal** (Figura 6.12), também conhecida por *cadência do amém*, é formada pela subdominante (S), de grau IV, e pela tônica (T), de grau I. Assim como a perfeita, trata-se de uma cadência que incita uma sensação de conclusão, mas de forma um pouco mais amena. Normalmente, os acordes estão em estado fundamental.

Figura 6.12 – Cadência plagal

Já a **cadência de engano** (Figura 6.13), também chamada de *cadência interrompida*, ocorre quando o compositor projeta uma cadência perfeita, porém, no momento da resolução, surpreende o ouvinte substituindo a tônica (T) por um acorde diferente – normalmente a superdominante (Sp), de grau VI, ou seja, a tônica paralela (Tp).

Figura 6.13 – Cadência de engano

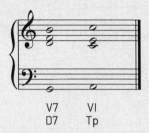

A **cadência composta** (Figura 6.14) é formada por quatro acordes, na seguinte ordem: tônica (T), subdominante (S), dominante (D) e, novamente, tônica (T), de graus I, IV, V, I, respectivamente. Uma vez que ocorre na música, ela estabelece a tônica como centro gravitacional, deixando claro ao ouvinte qual é a tonalidade em questão.

Figura 6.14 – Cadência composta

Existe um tipo de acorde conhecido como **terça de picardia** (Figura 6.15), a qual apresenta uma particularidade. Esse tipo de cadência ocorre em tonalidades menores. Sua especificidade está no último acorde, que tem a 3ª elevada em um semitom, deixando o acorde Maior. A terça de picardia foi um procedimento extensivamente utilizado no período barroco.

Figura 6.15 – Terça de picardia

Modulação

Iniciemos, neste momento, uma breve abordagem introdutória sobre a modulação. Em música, a modulação ocorre quando uma tonalidade é alterada, mudando o centro tonal para outra nota. Essa alteração pode acontecer de forma rápida, sendo chamada de **modulação passageira**, ou de forma mais decisiva, denominando-se **modulação definitiva**. A modulação pode transcorrer para qualquer tonalidade, à escolha do compositor; entretanto, existem tonalidades próximas que a fazem parecer mais natural, isto é, em que a transformação se manifesta com mais fluidez.

As tonalidades vizinhas são aquelas que se aproximam do centro tonal, ou porque mantêm a mesma armadura de clave ou porque são alteradas em apenas um acidente. Os graus vizinhos da tônica correspondem à relativa menor (quando a tonalidade é Maior) ou à relativa Maior (quando a tonalidade é menor), à subdominante e à dominante. As relativas menor ou Maior conservam a mesma armadura de clave; a subdominante apresenta somente um bemol a mais ou um sustenido a menos; e a dominante contém um sustenido a mais ou um bemol a menos (caso queira visualizar as tonalidades vizinhas de forma geral, consulte o ciclo de quintas da Figura 5.20).

As passagens entre tonalidades vizinhas ocorrem de maneira mais suave, entre outras razões, porque elas contêm notas em comum. Por exemplo, se a tonalidade de Dó Maior for modulada para Lá menor (a relativa menor), a nota Dó pertencerá aos dois acordes, sendo a fundamental no primeiro e a 3ª no segundo. Na modulação de Dó Maior para Fá Maior (a subdominante), a nota Dó também é comum entre os acordes, sendo a 5ª do acorde de Fá. Na modulação de Dó Maior para Sol Maior (a dominante), a nota em comum é Sol, sendo a 5ª do acorde de Dó e a fundamental no acorde de Sol.

Figura 6.16 – Modulações para tonalidades vizinhas

6.3 Contraponto

Contraponto e *polifonia* são dois termos muitas vezes confundidos, pois estão intrinsicamente conectados. Ambos são reconhecidos na música quando duas ou mais linhas melódicas coexistem em uma obra, de maneira independente. Tanto na monofonia quanto na homofonia, uma única melodia tem primazia sobre todo o resto.

Na polifonia, todas as vozes que expressam uma linha melódica têm igual importância.

 Em alto e bom som

Afinal, qual é a diferença entre contraponto e polifonia?

Bohumil Med (2017, p. 275) aponta que "o contraponto é o conjunto de regras relativas à polifonia". Nesse sentido, no *Dicionário Grove de Música*, Sadie (1994) explica que, por vezes, há uma tendência de os termos apresentarem uma distinção mais ligada à história da música, sendo que a polifonia se aplica ao modo de composição do século XVI, com Lassus (c. 1532-1594) e Palestrina (c. 1525-1594), e o contraponto, ao modo do início do século XVIII, com Bach (1685-1750).

Em seu *Atlas de música*, Michels (2003) explica que a palavra *contraponto* vem do latim *punctus contra punctum*, que em português significa "nota contra nota". O autor também menciona que o contraponto teve grande expansão na composição vocal do século XVI, especialmente na escrita coral a quatro vozes, em uma estrutura do agudo para o grave, com a seguinte ordem: soprano, contralto, tenor e baixo (Michels, 2003).

Desde o século XIV, as regras do contraponto foram se edificando em diversos manuais e métodos. De maneira geral, a técnica é construída por um sistema simples: com uma linha melódica básica preexistente, compõe-se outra, obedecendo às normas apresentadas. Essa linha básica é conhecida por *cantus firmus* – em português, "canto fixo". Portanto, o aprendizado do contraponto normalmente acontece pelo passo a passo da escrita de uma voz sobre uma parte dada: uma sequência de notas simples e de mesmo ritmo – geralmente, com valores longos.

As regras do contraponto são edificadas observando-se os aspectos relativos à consonância e à dissonância dos sons, bem como à movimentação das vozes. Nessa perspectiva, apresentaremos, a seguir, alguns tipos de condução das linhas melódicas. Duas vozes independentes e simultâneas podem configurar quatro tipos de movimentação: (1) movimento direto, (2) movimento paralelo, (3) movimento oblíquo e (4) movimento contrário.

No **movimento direto** (Figura 6.17), ambas as vozes se movimentam na mesma direção: ou para o agudo (para cima) ou para o grave (para baixo).

Figura 6.17 – Movimento direto

Quando o movimento direto se inicia em uma consonância imperfeita (3ª ou 6ª) e se conclui em uma consonância perfeita, ocorre o que é chamado de 5ª *oculta* ou 8ª *oculta*.

Figura 6.18 – 5ª e 8ª oculta

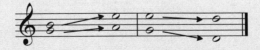

As chamadas *quintas de trompa* (Figura 6.19) dizem respeito a um tipo de progressão bastante utilizado por compositores, o qual contém a 5ª oculta.

Figura 6.19 – Quinta de trompa

Já no **movimento paralelo** (Figura 6.20), as vozes progridem na mesma direção e conservam o mesmo intervalo. A regra clássica apregoa que esse tipo de movimentação só é permitido para os intervalos de 3ª e 6ª.

Figura 6.20 – Movimento paralelo

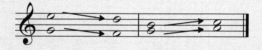

Por produzir um empobrecimento fônico, a movimentação paralela com os intervalos de 5ª e 8ª é considerada imprópria pela norma clássica, sendo denominada *5ª e 8ª paralela*.

Figura 6.21 – 5ª e 8ª paralela

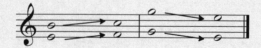

Na **movimentação oblíqua** (Figura 6.22), uma das vozes se mantém estacionária, enquanto a outra progride para cima ou para baixo.

Figura 6.22 – Movimento oblíquo

Finamente, no **movimento contrário** (Figura 6.23), as vozes caminham em direções opostas: quando uma se move para cima, a outra se move para baixo, e vice-versa.

Figura 6.23 – Movimento contrário

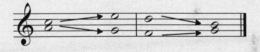

Outra área do contraponto envolve uma série de exercícios conhecidos como *contraponto em espécies*. Essa abordagem da técnica polifônica foi sistematizada pelo austríaco Johann Joseph Fux (1660-1741), no manual intitulado *Gradus ad Parnassum*. Nesse método, uma voz é dada, o *cantus firmus*, e sobre ela é acrescida outra linha melódica por normas que vão do mais simples ao mais complexo. A seguir, apresentamos cada um dos exercícios.

- **Contraponto de primeira espécie**: Utilizam-se apenas consonâncias; as notas acrescidas devem ter a mesma duração que o *cantus firmus*, sendo nota contra nota (1:1), de valores restrito a semibreves.

Figura 6.24 – Contraponto de primeira espécie

- **Contraponto de segunda espécie**: Acrescem-se duas notas para cada nota da melodia dada (2:1). Nos tempos fortes, somente a consonância é permitida.

Figura 6.25 – Contraponto de segunda espécie

- **Contraponto de terceira espécie**: Acrescem-se quatro notas para cada nota do *cantus firmus* (4:1). Os tempos 1 e 3 devem sempre conter consonâncias.

Figura 6.26 – Contraponto de terceira espécie

- **Contraponto de quarta espécie**: Aplica-se nota contra nota, similar ao de primeira espécie; porém, a parte acrescida deve se situar em retardo no tempo, fazendo uso da ligadura de prolongamento.

Figura 6.27 – Contraponto de quarta espécie

- **Contraponto de quinta espécie**: Faz-se a junção da primeira, da segunda, da terceira e da quarta espécies, somadas ao uso de ornamentações com figuras de valores menores. É também chamado de *contraponto floreado*.

Figura 6.28 – Contraponto de quinta espécie

Em conjunto a esses conceitos sobre movimentações das vozes e espécies de contrapontos, existem inúmeras outras regras que devem ser seguidas, conferindo ao aprendizado do contraponto muitos anos de prática e de profundo estudo.

6.4 Ritmo

O ritmo está relacionado com a propriedade do som referente à duração. Ele não é o som em si, mas aquilo que regula sua permanência no tempo. Além disso, por meio da métrica, o ritmo também cria uma hierarquia de intensidades dentro dos compassos, tornando algumas notas acentuadas e destacadas, e outras mais fracas, em segundo plano.

A seguir, pormenorizaremos duas particularidades rítmicas fundamentais na música: a **síncope** e o **contratempo**. Também explicaremos como as divisões irregulares são notadas e executadas nos compassos – as chamadas *quiálteras*. Por fim, examinaremos dois elementos de uso bastante frequente na música: o *ostinato* e a *fermata*.

A **síncope**, ou síncopa, é um aspecto fundamental da rítmica musical, sobretudo no Brasil, em que diversos ritmos, como samba, baião, maracatu, entre outros, são de característica sincopada. Grosso modo, a síncope ocorre toda vez que uma parte fraca do compasso é acentuada. Na terminologia mais tradicional, uma síncope se manifesta quando um som é atacado em tempo fraco e prolongado a um tempo forte. A diferença de definição, portanto, tem relação com o prolongamento da nota.

A célula básica do baião (Figura 6.29) contém uma síncope na quarta semicolcheia do segundo tempo do compasso de dois por quatro. Na definição mais prática, essa célula poderia ser escrita da seguinte forma: um acento na quarta semicolcheia do primeiro tempo, seguido de uma pausa, representando um silêncio no segundo tempo.

Figura 6.29 – Célula do baião escrita de acordo com a definição mais prática de síncope

Já na definição clássica (Figura 6.30), essa síncope deve ser seguida pelo alongamento de seu som, demonstrado por uma ligadura de prolongamento. Esse alongamento estende-se por

um tempo mais forte em comparação com aquele em que ocorreu o ataque da síncope.

Figura 6.30 – Célula do baião escrita de acordo com a definição mais clássica de síncope

Além do uso da ligadura de prolongamento, a síncope pode ser demonstrada pelo alongamento do valor da nota, utilizando uma figura maior, que ataca em tempo fraco e se estende por um tempo forte.

Figura 6.31 – Notação de síncope com ligadura e valor maior de figura

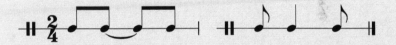

Há dois tipos de síncopes: a regular e a irregular. Na **síncope regular**, a nota atacada e a nota prolongada são de mesmo valor – como é o caso da Figura 6.31, em que é formada por duas colcheias. Na **síncope irregular**, as figuras de ataque e de prolongamento têm valores distintos – como demonstra a Figura 6.30, com o acento do baião em semicolcheia, e o prolongamento, em semínima.

Por sua vez, o **contratempo**, na concepção mais teórica, configura-se quando uma nota acentuada em tempo fraco é antecedida por pausa.

Figura 6.32 – Contratempo com pausa

No entanto, em uma abordagem mais ampla, toda vez que uma nota é acentuada ocupando o lugar de um tempo fraco, pode ser considerado contratempo.

Figura 6.33 – Contratempo sem pausa

Outro elemento muito importante da rítmica musical diz respeito às **quiálteras**, grupos de figuras subdivididas em proporções alternativas em relação ao que propõe a fórmula de compasso. Elas podem ocorrer nas mais diversas proporções, utilizando todas as figuras presentes da notação rítmica. São facilmente reconhecidas na partitura, pois carregam consigo um número que demonstra a quantidade de notas relativa à sua divisão. No Quadro 6.4, são listados os nomes atribuídos às quiálteras conforme a quantidade de notas.

Quadro 6.4 – Nomes das quiálteras

Quantidade de notas	Nomes
2	Duína
3	Tercina
4	Quartina
5	Quintina
6	Sextina
7	Septina

Após o número sete, as quiálteras normalmente são referidas da seguinte forma: quiáltera de oito, quiáltera de doze, quiáltera de dezessete etc.

A **duína** (Figura 6.34) é comum nos compassos compostos, nos quais a subdivisão básica agrupa três notas. Todavia, ela também ocorre no compasso simples de três por quatro. É considerada uma quiáltera diminutiva, pois reduz o número de notas em relação à divisão proposta pela fórmula de compasso.

Figura 6.34 - Duínas

Observe, na Figura 6.34, como a quiáltera pode ser grafada tanto com colchetes quanto sem, sendo as duas formas corretas.

A **tercina** (Figura 6.35) é, provavelmente, a quiáltera de uso mais frequente, pois se manifesta em compassos simples básicos, como dois por quatro e quatro por quatro. Trata-se de uma quiáltera aumentativa, pois o número de notas cresce de dois para três.

Figura 6.35 - Tercina

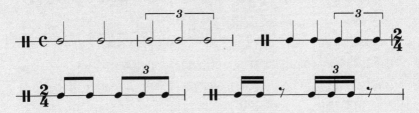

A **quartina** também é uma quiáltera aumentativa, pois altera de três para quatro o número de notas. As quiálteras também podem apresentar variações rítmicas; nesse caso, passam a ser referidas como irregulares.

Figura 6.36 - Quartinas irregulares

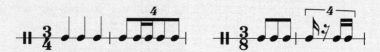

Perceba como as quartinas da Figura 6.36 contêm dois tipos de variações. No primeiro caso, apresentam uma subdivisão em semicolcheia; no segundo, sua segunda nota é preenchida por silêncio.

Uma maneira alternativa e mais específica para a notação de quiálteras consiste em informar na figura sua devida proporção. É um tipo de escrita recorrente na música moderna quando muitos tipos de quiálteras são empregadas (Figura 6.37). Essa notação é bastante útil para não confundir o intérprete.

Figura 6.37 - Quintina, sextina e septina

O *ostinato*, largamente utilizado como material composicional, é um recurso que consiste em repetir insistentemente um padrão rítmico qualquer. Essa palavra italiana significa "obstinado" (Bennett, 1998). Um célebre *ostinato* rítmico do repertório clássico ocidental está presente na obra *Bolero* (1928), do compositor francês Maurice Ravel (1875-1937). Nela, a caixa clara, instrumento de percussão, inicia a música com uma frase de dois compassos que permanece até o final da peça, sendo repetida por diversos instrumentos.

Figura 6.38 – *Ostinato* rítmico em *Bolero*

Por fim, analisaremos um elemento conhecido como **fermata** (Figura 6.39). É representado por um sinal composto de uma curva e de um ponto, o qual designa uma interrupção na duração da música. Essa parada é de tempo livre, de acordo com a decisão do intérprete, e pode ser alocado sobre três elementos da notação musical: nota, pausa ou barra de compasso.

Figura 6.39 – *Fermata*

6.5 Música e estrutura

As partituras contêm, muitas vezes, abreviações e símbolos referentes à maneira como a música deve ser produzida horizontalmente. Tais elementos correspondem a procedimentos que organizam a estrutura da obra como um todo. Nesta seção, trataremos sobre os seguintes recursos: *ritornello*, "casa" de repetição, *da capo*, *segno*, abreviações de pausas, *tacet* e números de ensaio.

O **ritornello** (Figura 6.40) é um sinal disposto na barra de compasso que indica que determinado trecho deve ser repetido. Se o sinal não aponta para o ponto em que a volta deve ser feita, significa que a música deve retornar a seu início.

Figura 6.40 – Sinal de *ritornello*

Na Figura 6.40, o primeiro pentagrama apresenta a barra de repetição, ou *ritornello*, que indica que a música deve voltar ao início. Após a primeira repetição, a música continua, e segue o próximo compasso depois da barra dupla com dois-pontos. No segundo pentagrama, outra barra de repetição (voltada para a direita) indica o ponto exato em que a música deve retornar.

Frequentemente, o compasso com *ritornello* é diferente no momento em que a música ocorre pela segunda vez. Nesses casos, utiliza-se o que é chamado de *casa 1* e *casa 2* (Figura 6.41) – por vezes, podem existir mais de duas casas. Assim, quando a música retorna, a casa 1 é saltada, não sendo executada.

Figura 6.41 – Casa 1 e casa 2

A expressão **Da capo** (em português, "da cabeça") indica que a música deve ser repetida desde seu início. Normalmente abreviada por D.C., o retorno ocorre quando sinais de repetição por *ritornello* já se fizeram presentes na partitura. Quase sempre é acompanhada de *fine* (fim), que indica onde a obra se encerra.

Figura 6.42 – Sinal de *Da capo* e *fine*

Quando a música retorna a um ponto que não seu início, é utilizado o termo **segno** ("sinal", em português). *Dal segno*, que em português significa "do sinal", é abreviado por D.S.

Figura 6.43 – *Segno*

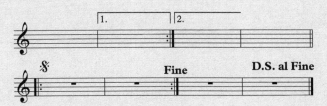

Por vezes, uma parte individual de um instrumento demonstra diversos compassos de pausa. Assim, para economizar espaço no papel, utiliza-se a **abreviação de pausa** (Figura 6.44), dispondo o número total de compassos nos quais o instrumento deve permanecer em silêncio na música.

Figura 6.44 – Abreviação de pausas

Quando um instrumento apresenta pausa por um longo período de tempo, é utilizado o termo *tacet*. Algumas vezes, essa palavra também é empregada quando o instrumento não participa de alguma seção repetida da música.

Por fim, os **números de ensaio** são marcas que designam partes grandes da música. Eles servem para organizar a música em seu macrocosmo e podem ser designados tanto por números quanto por letras.

Figura 6.45 – Representação de números de ensaio em uma partitura

Resumo da ópera

Neste capítulo, antes de observarmos as características da música, apresentamos os quatro tipos de textura musical:

1. monofonia – quando uma única melodia é executada sem qualquer acompanhamento;
2. homofonia – melodia principal acompanhada;
3. polifonia – quando várias melodias coexistem;
4. heterofonia – combinação de várias texturas.

    A primeira característica da música comentada foi a melodia. Depois de termos exposto sua definição, averiguamos como uma melodia é iniciada e terminada ritmicamente. Em seguida, demonstramos que as melodias são compostas por motivos, frases e períodos. Já com relação à harmonia, conhecemos os principais tipos de cadência, que normalmente tomam lugar ao final das melodias. Sobre o contraponto, esclarecemos como as vozes podem ser conduzidas, além de mencionarmos as cinco espécies de contraponto existentes. No que concerne ao ritmo, diferenciamos síncope de contratempo, e descrevemos as quiálteras aumentativas e diminutivas. Na última subseção, especificamos como as repetições são grafadas na partitura.

Teste de som

1. Identifique o tipo rítmico do início e do fim da melodia exposta na figura a seguir:

   Melodia em compasso quatro por quatro

   a) Início de ritmo tético e terminação masculina.
   b) Início de ritmo anacrústico e terminação feminina.
   c) Início de ritmo acéfalo e terminação feminina.
   d) Início de ritmo homofônico e terminação masculina.
   e) Início de ritmo anacrústico e terminação masculina.

2. Nas danças da Grécia Antiga, como era chamado o momento em que o dançarino batia com o pé no chão?
   a) *Da Capo.*
   b) *Ritornello.*
   c) *Segno.*
   d) *Tenuto.*
   e) *Thesis.*

3. Assinale a alternativa que apresenta o tipo de movimentação das vozes que mais favorece a independência das linhas melódicas:
   a) Movimento oblíquo.
   b) Quintas de trompa.
   c) Movimento contrário.
   d) 5ª e 8ª oculta.
   e) Movimento direto.

4. Quais são as características rítmicas do trecho musical a seguir?

   Melodia com variações rítmicas

   a) Contratempo, síncope e *fermata*.
   b) Contratempo, duína e síncope.
   c) Quintina, contratempo e *ostinato*.
   d) Contratempo, síncope e contratempo.
   e) Síncope, duína e tercina.

5. Assinale a alternativa **incorreta** com relação à monofonia:
   a) Uma única linha melódica.
   b) Várias vozes ou instrumentos podem executar a melodia.
   c) O aspecto horizontal da música é evidenciado.
   d) A harmonia tem papel de acompanhamento.
   e) Pode ser executada pela voz humana e também por instrumentos musicais.

Treinando o repertório

Pensando na letra

1. Nos dias atuais, a música *pop* utiliza massivamente qual tipo de textura musical? Monofônica, homofônica, polifônica ou heterofônica?

2. Um exercício interessante de solfejo rítmico relacionado a quiálteras consiste em encontrar palavras com o número de sílabas correspondente à quantidade de notas que a quiáltera apresenta. A tercina, por exemplo, pode ser solfejada como *círculo*, e a quintina, como *copacabana*. Tendo isso em mente, encontre uma palavra para cada quiáltera e procure executá-las com o auxílio de um metrônomo.

Som na caixa

1. Neste capítulo, citamos várias obras importantes da música clássica. Como exercício de apreciação musical, ouça todas elas, pois é importantíssimo conhecer o maior número de peças possível, expandindo seu repertório. Procuramos selecionar peças bastante variadas – sinfonia, poema sinfônico, abertura de ópera, solos instrumentais, obras com coral – de compositores das mais diferentes nacionalidades.

Todas as músicas estão disponíveis na internet. A seguir, apresentamos a lista das obras com o nome dos compositores.

- *Messias* – Handel
- *Carnaval dos Animais* – Saint-Saens
- *Sinfonia n. 1* – Brahms
- Abertura de *Guilherme Tell* – Rossini
- *Rhapsody in Blue* – Gershwin
- *Bachianas Brasileiras* n. 5 – Villa-Lobos
- *Claire de Lune* – Debussy
- *Sinfonia n. 7* – Beethoven

FECHAM-SE AS CORTINAS

Ao finalizarmos esta obra, esperamos que o conteúdo que aqui disponibilizamos para você, leitor, tenha sido absorvido de maneira bastante didática, das questões mais primordiais até as mais avançadas. Sendo assim, depois de termos tratado das características do som – altura, intensidade, duração e timbre –, explicamos que a música é grafada na partitura e indicamos como os instrumentos de uma orquestra são posicionados nela. Em seguida, apresentamos os elementos da escrita musical relacionados à altura do som: a pauta ou pentagrama, as claves, o posicionamento das notas, as linhas suplementares e as alterações.

Na sequência, discorremos a respeito das informações que indicam o ritmo da música, começando com as figuras e seus valores, desenvolvendo tais elementos para a métrica e sua aplicação nas fórmulas de compasso, e finalizando com uma explanação sobre as diferenças entre pulsação, andamento e apoio métrico. Uma vez que os conceitos básicos sobre a notação da altura e do ritmo foram esclarecidos, examinamos os conteúdos mais complexos da música. Nessa ótica, verificamos as escalas maiores e menores, os intervalos e suas classificações, os acordes e as diversas tonalidades, assim como suas relações de proximidades com o ciclo de quintas. Para finalizar, depois de termos abordado algumas noções importantes sobre articulações e dinâmicas, discutimos sobre as possíveis texturas musicais, prosseguindo com as principais características da música: a melodia, a harmonia, o contraponto, o ritmo e a estrutura.

O aprendizado da notação e da linguagem musical tende a ser mais eficiente quando o estudante concilia, de forma sólida e consistente, a teoria com a prática. O conteúdo teórico principal foi aqui demonstrado; agora, a parte prática pode ser alcançada por meio do estudo de um instrumento musical, como o piano, o violão ou mesmo a própria voz. Todos os assuntos abordados neste material podem ser aplicados diretamente pelo estudante interpretando músicas e canções em seu instrumento. Também de grande importância é a prática de exercícios tanto rítmicos quanto melódicos: com a voz é possível estudar os intervalos, executar frases rítmicas em diferentes fórmulas de compassos; em um instrumento, pode-se treinar escalas, acordes, cadências, dinâmicas e articulações. Na música, a união da teorica com a prática é um perfeito casamento para se criar uma consistente estrutura de aprendizado.

REPERTÓRIOS

BACH, J. S. **Oeuvres complètes pour Orgue**. Paris: Durand & Fils Éditeurs, 1917.

BENNETT, R. **Elementos básicos da música**. Rio de Janeiro: Zahar, 1998.

HOLST, G. **The Planets**. Alemanha: Ernst Eulemburg Ltd., 1985.

MED, B. **Teoria da música**: Vade Mecum da teoria musical. 5. ed. Brasília: Musimed, 2017.

MICHELS, U. **Atlas de música I**. Lisboa: Gradiva, 2003.

PRIOLLI, M. L. de M. **Princípios básicos da música para a juventude**. 54. ed. rev. e atual. Rio de Janeiro: Casa Oliveira de Música, 2013. v. 1.

PRIOLLI, M. L. de M. **Princípios básicos da música para a juventude**. 19. ed. rev. e atual. Rio de Janeiro: Casa Oliveira de Música, 1996. v. 2.

SADIE, S. **Dicionário Grove de música**: edição concisa. Rio de Janeiro: J. Zahar, 1994.

WISNIK, J. M. **O som e o sentido**: uma outra história das músicas. 3. ed. São Paulo: Companhia das Letras, 2017.

XENAKIS, I. **Persephassa**. Paris: Edições Salabert, 1970.

ZAMACOIS, J. **Teoria da música**. Lisboa: Edições 70, 2009.

OBRAS COMENTADAS

BONA, P. **Método musical**. Bezerros: IGAL Indústria Gráfica e
Editora Augusto Ltda, 1997.

O autor Paschoal Bona, nascido em Cerignola (Itália), escreveu
um dos métodos de solfejo mais utilizados na educação musical.
O objetivo deste livro é ajudar o leitor a desenvolver a leitura da
notação musical, aprendendo de forma descomplicada a executar os mais variados agrupamentos rítmicos.

GRAMANI, J. E. **Rítmica**. São Paulo: Perspectiva, 2004.

Neste livro, o autor explora o solfejo rítmico com mais de uma
voz e a polimetria. Seu conteúdo ajuda o leitor a desenvolver
a independência e a coordenação motora, assim como a concen-
tração e a percepção corporal.

HINDEMITH, P. **Treinamento elementar para músicos**. São Paulo:
Ricordi Brasileira, 1970.

Por meio de um rico material de exercícios rítmicos e melódicos,
a proposta deste livro é ajudar o estudante de música a construir
uma base teórica musical sólida, para que possa seguir com os
estudos mais avançados de harmonia, contraponto e demais
esferas da música.

LACERDA, O. **Compêndio de teoria elementar da música**. São Paulo: Ricordi Brasileira, 1967.

Importante compositor brasileiro, Osvaldo Lacerda organizou o conteúdo de seu compêndio seguindo os parâmetros do som da seguinte maneira: duração, intensidade, altura e timbre. No entanto, como registrado no prefácio do livro, a ordem dos capítulos pode ser alterada de acordo com a necessidade do leitor, da instituição ou do professor que o utilize.

POZZOLI, H. **Guia teórico-prático para o ensino do ditado musical**: parte I e II. São Paulo: Musicália, 1977.

Este é um dos mais conhecidos livros de teoria e prática do solfejo rítmico. Trata-se de uma leitura essencial para quem pretende se familiarizar com a leitura rítmica e com elementos como as fórmulas de compasso simples e composto, a síncopa, o contratempo e as quiálteras.

SCHOENBERG, A. **Harmonia**. São Paulo: Ed. da Unesp, 1999.

Este é um livro essencial para os estudantes de música, pois figura como um dos mais completos e elaborados tratados sobre a temática. Ao mesmo tempo em que o autor desenvolve extensivamente os assuntos tonais, sugere caminhos para sua superação, abrindo novos horizontes para o movimento que o próprio autor encabeçaria: o atonalismo.

RESPOSTAS

Capítulo 1

Teste de som

1. d
2. a
3. c
4. d
5. e

Capítulo 2

Teste de som

1. c
2. d
3. a
4. e
5. e

Capítulo 3

Teste de som

1. c
2. e

3. c

4. d

5. a

Capítulo 4

Teste de som

1. b

2. b

3. e

4. e

5. d

Capítulo 5

Teste de som

1. c

2. e

3. d

4. a

5. c

Capítulo 6

Teste de som

1. b

2. e

3. c

4. d

5. d

SOBRE O AUTOR

Leonardo Gorosito, timpanista da Orquestra Sinfônica do Paraná, é bacharel em Música pela Universidade Estadual Paulista (2008), tendo sido aluno de John Boudler, Carlos Stasi e Eduardo Gianesella. É mestre em Percussão pela Yale University (2011), sob a orientação do professor Robert Van Sice. Nessa instituição também obteve seu Diploma de Artista (2012). Fez parte da Yale Philharmonia Orchestra e do Grupo de Percussão da Yale Univesity, com os quais se apresentou no prestigiado palco do Carnegie Hall. Voltou ao Brasil convidado a dirigir musicalmente os espetáculos "Amado", "Húmus" e "Pai", todos produzidos pelo Instituto Brincante (SP), trabalhando ao lado do multiartista Antonio Nóbrega. Junto de Rafael Alberto, compôs "DESVIO", duo de percussão que desenvolve a música de câmara brasileira em concertos e composições autorais. O duo foi vencedor do Festival Circuito de Música Acústica, realizado em Minas Gerais, e os compositores foram premiados com a realização de um *show* ao lado do renomado músico Hamilton de Holanda. Em novembro de 2016, DESVIO realizou um concerto com composições próprias ao lado da Orquestra Ouro Preto, no Teatro SESC Palladium, em Belo Horizonte, ocasião na qual o Concerto para dois Pandeiros e Cordas teve sua estreia mundial.

Impresso:
Setembro/2020